Strategisches Wählen in Deutschland

Michael Herrmann

Strategisches Wählen in Deutschland

Logik und politische Konsequenzen

 Springer VS

Michael Herrmann
Universität Konstanz
Konstanz
Deutschland

ISBN 978-3-658-09050-0   ISBN 978-3-658-09051-7 (eBook)
DOI 10.1007/978-3-658-09051-7

Die Deutsche Nationalbibliothek verzeichnet diese Publikation in der Deutschen Nationalbibliografie; detaillierte bibliografische Daten sind im Internet über http://dnb.d-nb.de abrufbar.

Springer VS
© Springer Fachmedien Wiesbaden 2015

Lektorat: Jan Treibel, Monika Mülhausen

Gedruckt auf säurefreiem und chlorfrei gebleichtem Papier

Springer Fachmedien Wiesbaden GmbH ist Teil der Fachverlagsgruppe Springer Science+Business Media (www.springer.com)

Meiner Frau Sibylle

Vorwort

Dieses Buch ist das Resultat mehrerer Jahre intensiver Beschäftigung mit einem faszinierenden Gegenstand: strategischem Wählen. Zahlreiche Studien in der jüngsten Vergangenheit haben das Wissen über strategisches Wählen in Deutschland erheblich verbessert. Anknüpfend an diese Fortschritte versucht diese Arbeit, strategisches Wählen mit Erst- und Zweitstimme unter einer einheitlichen theoretischen Perspektive zusammenzuführen und die Relevanz strategischer Stimmen bei Bundestagswahlen zu bestimmen.

Während meiner Arbeit habe ich immer wieder vom Austausch mit Fachkollegen profitiert. Franz Urban Pappi danke ich für seine Unterstützung und Ermutigung über die Jahre. Für hilfreiche Diskussionen zu Teilen dieser Arbeit danke ich Thomas Bräuninger, Thomas Gschwend und Indridi H. Indridason. Weitere Kommentare und Anmerkungen verdanke ich Eric Linhart, Susumu Shikano, Joachim Behnke, Sascha Huber, Aki Lehtinen, Wim van Gestel, Christophe Crombez, Gerald Schneider, Lionel Marquis, Sebastian Köhler, Sigrid Rossteutscher und Michael Bechtel. Elsevier, Sage und dem Springer Verlag danke ich für die Genehmigung zur Verwendung von publiziertem Material in Teilen des Buchs.

Konstanz, Januar 2015   Michael Herrmann

Inhaltsverzeichnis

Einleitung

Wahlregeln sind keine neutralen Institutionen, sie beeinflussen nachhaltig die Politik eines Landes. Das israelische Verhältniswahlrecht etwa lässt es zu, dass regelmäßig zehn oder mehr Parteien vor dem Problem stehen, eine Regierung zu bilden. Kritiker bemängeln, dass durch den geringen Rückhalt israelischer Regierungen der Nahost-Friedensprozess immer wieder ins Stocken gerät und fordern, das israelische Wahlsystem so zu reformieren, dass extreme Parteien weniger stark in der Knesset vertreten sind, als bisher (Yaron 2009). In Großbritannien wurde hingegen schon oft über eine Lockerung des althergebrachten Mehrheitswahlrechts nachgedacht. Zuletzt stimmte am 5. Mai 2011 eine Mehrheit der Bürger gegen eine Reform, die bisher unterrepräsentierten Wählergruppen mehr Gewicht verleihen würde (Whiteley et al. 2012). Das deutsche Bundestagswahlrecht wurde indes bereits mehrere Male geändert. Zuletzt führte der Bundestag am 21. Februar 2013 einen Ausgleich von Überhangmandaten ein, um einen vom Bundesverfassungsgericht gerügten Fehler in der Stimmenverrechnung (das so genannte negative Stimmengewicht) zu eliminieren. Die Tatsache, dass der Bundestag zur Lösung des Problems mehr als vier Jahre benötigte und dabei auch die vom Verfassungsgericht gesetzte Frist nicht einzuhalten vermochte, zeigt, dass Wahlregeln immer mit Gewinnen und Verlusten verbunden sind.

Wahlsysteme sind ein entscheidender Bestandteil des demokratischen Prozesses. Sie geben die Möglichkeiten vor, die Wähler besitzen, um ihre politischen Interessen und Überzeugungen auszudrücken und auf politische Entscheidungen einzuwirken. Welches Ergebnis wir erhalten, hängt immer von der Technik ab, mit der wir die Interessen Einzelner zu einer kollektiven Entscheidung verbinden. Ein eindeutiges Verfahren, um den Willen einer Gruppe von Wählern

© Springer Fachmedien Wiesbaden 2015
M. Herrmann, *Strategisches Wählen in Deutschland*,
DOI 10.1007/978-3-658-09051-7_1

zu bestimmen, gibt es nicht (Arrow 1951). Das Wahlsystem hat nachweislich Auswirkungen auf die Zahl der Parteien, (Duverger 1954; Taagepera und Shugart 1993; Lijphart 1994), den politischen Wettbewerb (Austen-Smith 1984; Powell 2000) und die wirtschaftspolitischen Inhalte, die Regierungen verfolgen (Iversen and Soskice 2006; Persson 2002). Wer gewählt wird, welche Interessen repräsentiert werden, welche politischen Entscheidungen getroffen werden, hängt stets davon ab, nach welchen Regeln abgestimmt wird.

Aber nicht nur die Art und Weise, wie wir einzelne Interessen zusammenfassen, spielt eine Rolle, sondern auch die Frage, wie Wähler mit den unterschiedlichen Konsequenzen von Wahlsystemen umgehen. Kennen Abstimmende die Wahlregeln und wissen sie über die Interessen der anderen Abstimmenden Bescheid, eröffnet sich ihnen die Möglichkeit der strategischen Stimmabgabe. Dabei stimmen Wähler nicht mehr für die aus ihrer Sicht beste Alternative, sondern setzen ihre Stimme so ein, dass sie am ehesten zu einem für sie günstigen Ergebnis führt. Stark vereinfachend ausgedrückt stimmen Wähler für etwas, das sie eigentlich nicht möchten, um ein Ergebnis zu bekommen, das sie möchten. Kein Wahlsystem ist immun gegen solche Formen der Beeinflussung (Gibbard 1973; Satterthwaite 1975; Slinko and White 2010). Neben seiner Bedeutung in der Frage, wie wir Einzelinteressen zu einer kollektiven Entscheidung zusammenfassen, haben Wahlregeln daher noch eine andere, tiefgreifendere Konsequenz: Sie können das Abstimmungsverhalten der Wähler selbst beeinflussen. Sofern wir annehmen, dass Wählern der Ausgang einer Abstimmung nicht gleichgültig ist, müssen wir immer damit rechnen, dass es strategische Wähler gibt, die sich anders entscheiden würden, wenn wir das Wahlsystem ändern.

Diese Arbeit ist der Frage gewidmet, welche Anreize zum strategischen Wählen bei deutschen Bundestagswahlen bestehen und inwieweit Wähler auf diese Anreize reagieren. Woher kommen Anreize zu strategischem Wählen? Wer wählt strategisch und warum? Was sind die politischen Konsequenzen strategischen Wählens? Wer profitiert davon und auf wessen Kosten? Diese Fragen sollen die folgenden Kapitel beantworten.

Die Erforschung strategischen Wählens ist wichtig für unser Verständnis des Zustandekommens kollektiver Entscheidungen. Da strategisches Stimmverhalten in freien Wahlen mit offenem Ausgang nicht verhindert werden kann, ist es notwendig die Bedingungen zu erforschen, unter denen es zu strategischem Verhalten kommt und abzuschätzen, welche Konsequenzen strategisches Wählen nach sich zieht. Wenn Wähler tatsächlich ihr Stimmverhalten am erwarteten Wahlergebnis ausrichten, dann hat die Ausgestaltung des Wahlsystems einen entscheidenden Einfluss darauf, wie bei einer Wahl abgestimmt wird, wer Stimmen erhält und welche Interessen letztlich vertreten werden.

Diese Arbeit ist wie folgt gegliedert: Kapitel 2 erläutert zunächst die Vor-
aussetzungen und Motivationen, die Wähler mitbringen müssen, um strategisch
wählen zu können. Was ist ein strategischer Wähler? Warum wählt er mit der
Erststimme anders als mit der Zweitstimme? Es zeigt, dass Dreh- und Angelpunkt strategischer Überlegungen Situationen sind, in denen eine einzelne Stimme
den Ausgang der Wahl verändert. Egal ob Erst- oder Zweitstimme, die Logik
strategischen Wählens basiert immer auf einem Vergleich von Situationen, in denen eine Stimme ausschlaggebend ist. Durch die unterschiedliche Wirkung von
Erst- und Zweitstimme auf das Wahlergebnis spielen bei der Entscheidung mit
der Zweitstimme aber andere Situationen eine Rolle als bei der Erststimme.

Teil I befasst sich dann mit dem Potenzial der Erststimme. Wie funktioniert
strategisches Wählen mit der Erststimme? Kapitel 3 führt in die Theorie strategischen Wählens mit der Erststimme ein. Es stellt das Entscheidungsproblem eines
Wählers unter relativer Mehrheitswahl mit drei Parteien dar. Die Erststimme birgt
Anreize zum Taktieren für Anhänger von Parteien, die im Wahlkreis an dritter,
vierter oder fünfter Stelle liegen. Aus dem Vergleich von Pattsituationen wird die
optimale Entscheidungsregel abgeleitet, die darin besteht, den bevorzugten unter
den beiden führenden Kandidaten zu wählen. Dieselbe Regel gilt, wenn mehr als
drei Parteien im Wahlkreis konkurrieren.

Wie viele Wähler wählen strategisch mit der Erststimme? Kapitel 4 geht der
Frage nach, ob mit der Erststimme strategisch gewählt wird. Dazu werden die Angaben von Wählern ausgewertet, die vor den Bundestagswahlen 1998 und 2002
befragt wurden. Die Ergebnisse zeigen deutliche Hinweise, dass Wähler auf strategische Anreize reagieren. Geschätzte ein bis drei Prozent aller abgegebenen
Erststimmen waren strategischer Natur. Um ein Massenphänomen handelt es sich
bei strategischem Wählen also nicht, auch wenn die Ergebnisse implizieren, dass
etwa jeder fünfte Wähler, der einen Anreiz besaß strategisch zu wählen, von dieser Möglichkeit auch Gebrauch gemacht hat. Dennoch kann bereits eine kleine
Zahl strategischer Wähler in einer knappen Wahl den Ausschlag geben.

Kapitel 5 belegt, dass strategisches Wählen bei den Bundestagswahlen 1994
bis 2009 einen nicht unerheblichen Einfluss auf die Vergabe von Direkt- und
Überhangmandaten hatte. Dazu wird ein Modell entwickelt, um strategische
Wählerwanderungen aus den Stimmergebnissen im Wahlkreis zu identifizieren
und so abzuschätzen, welche Direktmandate in Ostdeutschland möglicherweise
durch strategische Erststimmen entschieden wurden. Die geschätzte Zahl strate-
gischer Erststimmen in ostdeutschen Wahlkreisen liegt bei null bis vier Prozent.
Ungeachtet dieser kleinen Zahl waren mehrere Direktmandate in vergangenen
Wahlen von strategischen Erststimmen betroffen. Dabei wurden etwa ebenso viele
Überhangmandate durch strategisches Wählen erzeugt, wie verhindert.

Teil II der Arbeit zeigt, warum es sich lohnen kann, mit Blick auf mögliche Regierungsmehrheiten die Zweitstimme nicht der bevorzugten Partei zu geben. Wie funktioniert strategisches Wählen mit der Zweitstimme? Kapitel 6 präsentiert eine Theorie strategischen Koalitionswählens. Es stellt das Entscheidungsproblem eines Wählers unter Verhältniswahl mit fünf Parteien dar. Die optimale Entscheidungsregel des Wählers folgt aus einem Vergleich aller Situationen, in denen seine Stimme die Mehrheitsverhältnisse zwischen möglichen Regierungskoalitionen verändert. Es wird gezeigt, dass die optimale Entscheidung aus dem Vorsprung (bzw. Rückstand) der rechten vor der linken Koalition in Wahlprognosen abgeleitet werden kann.

Um eine strategische Entscheidung zu treffen, genügt es also, den erwarteten Vorsprung bzw. Rückstand der linken vor der rechten Koalition in Umfragen zu betrachten. Für Befürworter einer Rot-Grünen-Koalition würde es sich demnach umso eher lohnen, die Grünen zu wählen, je weiter Rot-Grün in Umfragen vor Schwarz-Gelb liegt, denn dann ist die Chance groß, dass die Wahl in einer knappen Sitzverteilung endet, in der eine Stimme für die Grünen den Ausschlag gäbe. Umgekehrt wäre es für Befürworter einer Schwarz-Gelben-Koalition in der gleichen Situation profitabel die CDU zu wählen, aufgrund der höheren Chance, dass die Wahl in Situationen endet, in der ihre Stimme entscheidend für das Zustandekommen einer großen Koalition ist (ein aus ihrer Sicht günstigeres Ergebnis als eine Rot-Grüne-Koalition).

Kapitel 6 zeigt insgesamt, dass Anreize zum Taktieren bestehen, selbst wenn Sitze völlig proportional vergeben werden – es also keine Sperrklausel für den Parlamentseinzug gibt. Ferner wird gezeigt, dass Leihstimmen ein Spezialfall des strategischen Koalitionswählens sind, der auftritt, wenn es eine Sperrklausel gibt und mindestens eine Partei an ihr zu scheitern droht.

Wählen Wähler strategisch mit der Zweitstimme? Kapitel 6 geht der Frage nach, ob mit der Zweitstimme strategisch gewählt wird. Dazu werden die Angaben von Wählern ausgewertet, die vor der Bundestagswahl 2009 und der Nationalratswahl 2006 in Österreich befragt wurden. Die Ergebnisse zeigen Hinweise für strategisches Koalitionswählen im rechten, aber nicht im linken Lager. Der Erfolg der FDP bei der Bundestagswahl 2009 ist insofern mit der Theorie des Koalitionswählens vereinbar. Insgesamt deuten die Ergebnisse aber darauf hin, dass Wähler von strategischem Koalitionswählens kaum Gebrauch machen, möglicherweise weil sie sich der Anreize nicht ausreichend bewusst sind.

Kapitel 8 fasst die gewonnenen Einsichten zusammen. Die Ergebnisse sollten helfen, die Möglichkeiten strategischer Einflussnahme besser zu verstehen, die Wähler bei Bundestagswahlen besitzen. Ferner sollten sie helfen, die politische Größenordnung des Phänomens bei vergangenen und künftigen Bundestagswahlen besser einzuschätzen.

Literatur

Arrow K (1951) Social Choice and Individual Values. Wiley, New York

Austen-Smith D (1984) Two-party competition with many constituencies. Mathematical Social Sciences 7:177–198

Duverger M (1954) Political Parties: Their Organization and Activity in the Modern State. Wiley, New York

Gibbard A (1973) Manipulating voting schemes. a general result. Econometrica 41:587–601

Iversen T, Soskice D (2006) Electoral institutions and the politics of coalitions: Why some democracies redistribute more than others. American Political Science Review 100:165–181

Lijphart A (1994) Electoral systems and party systems: a study of twenty-seven democracies, 1945 - 1990. Oxford University Press, Oxford

Persson T (2002) Do political institutions shape economic policy? Econometrica 70:883–905

Powell B (2000) Elections as Instruments of Democracy. Majoritarian and Proportional Visions. Yale University Press

Satterthwaite MA (1975) Strategy-proofness and arrow's conditions: Existence and correspondence theorems for voting procedures and social welfare functions. Journal of Economic Theory 10:187–217

Slinko A, White S (2010) Proportional representation and strategic voters. Journal of Theoretical Politics 22:301–332

Taagepera R, Shugart MS (1993) Predicting the number of parties: A quantitative model of Duverger's mechanical effect. American Political Science Review 87:455–464

Whiteley P, Clarke HD, Sanders D, Stewart MC (2012) Britain says no: Voting in the av ballot referendum. Parliamentary Affairs 65(2):301–322

Yaron G (2009) Tauziehen um die Macht. Das Parlament 8

Strategisches Wählen mit Erst- und Zweitstimme: Zwei Stimmen, eine Logik 2

Was ist ein strategischer Wähler? Warum wählt er mit der Erststimme anders als mit der Zweitstimme? Die folgenden Ausführungen dienen als Leitfaden für das Verständnis der folgenden Kapitel. Die in diesem Buch vorgestellten Theorien strategischen Wählens mit Erst- und Zweitstimme mögen auf den ersten Blick sehr verschieden erscheinen. Dennoch fußen sie auf den selben Annahmen und folgen der selben Logik. Strategisches Wählen, egal ob mit Erst- oder Zweitstimme, beruht auf der Einsicht, dass es in einer Wahl immer Situationen geben kann, in denen das Ergebnis ‚auf Messers Schneide‘ steht. Solche Situationen treten zwar nur sehr selten ein; aber sie sind in jeder Wahl möglich, und wenn sie eintreten, dann bestimmt eine einzelne Stimme, in welche Richtung die Wahl ausgeht. Diese so genannten pivotalen Situationen sind der Dreh- und Angelpunkt jeder Theorie strategischen Wählens.[1]

Theorien strategischen Wählens mit Erst- und Zweitstimme kommen zu verschiedenen Aussagen darüber, wer wen unter welchen Umständen strategisch wählen sollte und warum. Das liegt nicht daran, dass jede Theorie einer anderen Logik folgt. Es liegt daran, dass die Zweitstimme eine andere Wirkung auf das Wahlergebnis hat als die Erststimme. Aus diesem Unterschied in der Gestaltung des Wahlrechts folgt, dass ein und derselbe Wähler, wenn er strategisch mit der

---

[1] Hiervon ausgenommen sind neuere Theorien des strategischen ‚signaling‘ (z. B. Meirowitz und Shotts 2009; Meirowitz und Tucker 2007; Myatt 2013).

© Springer Fachmedien Wiesbaden 2015
M. Herrmann, *Strategisches Wählen in Deutschland*,
DOI 10.1007/978-3-658-09051-7_2

Zweitstimme wählen möchte, andere pivotale Situationen berücksichtigen muss, als wenn er strategisch mit der Erststimme wählt. Dieser Unterschied in der Wirkungsweise beider Stimmen und seine Auswirkungen auf strategisches Wählen wird im Folgenden näher erläutert.

Wir beginnen mit den Grundvoraussetzungen für strategisches Wählen. Theorien strategischen Wählens (vgl. z. B. Baron und Diermeier 2001; Cox 1997; Feddersen und Pesendorfer 1998; Fisher 2004) fußen generell auf drei Annahmen:

1. Wähler sind kurzfristig instrumentell rational,
2. Wähler besitzen Präferenzen über unterschiedliche Wahlausgänge,
3. Wähler besitzen Erwartungen über unterschiedliche Wahlausgänge.

Die erste Annahme bedeutet, dass ein Wähler sich nur für das Ergebnis der aktuellen Wahl interessiert.[2] Er besitzt keine Präferenzen über den Ausgang der nächsten Wahl oder zukünftiger Wahlen. Wem diese Annahme zu hart erscheint, kann sie auch so umformulieren, dass dem Wähler zukünftige Wahlergebnisse wichtig sind, aber nicht wichtig genug, um seine aktuelle Entscheidung zu beeinflussen.

Weiterhin unterstellt die erste Annahme, dass der Wähler seine Stimme als ein Instrument sieht, um den Ausgang der Wahl zu beeinflussen. Dass in einer demokratischen Wahl jede Stimme gezählt wird und somit jeder Wähler einen Einfluss auf das Ergebnis ausübt, ist eine Tatsache. Was der Begriff „instrumentell rational" zudem unterstellt, ist dass der Wähler keine Genugtuung aus der Wahlhandlung selbst zieht. Alles was für ihn zählt, ist der Ausgang der Wahl. Diese Annahme trifft auf viele Wähler sicher nur teilweise oder gar nicht zu. Sicher beziehen Wähler auch aus der Wahlhandlung selbst eine Genugtuung, unabhängig vom Ergebnis der Wahl. Andererseits erscheint es unplausibel anzunehmen, einem Wähler ginge es nur darum eine bestimmte Partei zu unterstützen und der Ausgang der Wahl sei ihm ansonsten egal. Wie sehr ein Wähler in seiner Stimme letztlich ein Mittel zum Zweck oder bereits einen Zweck selbst sieht, soll im Folgenden offen bleiben. Für eine Beschäftigung mit strategischem Wählens genügt es, dass man schlicht nicht ausschließen kann, dass ein Wähler auch daran interessiert ist, mit seiner Stimme den Wahlausgang zu beeinflussen.

---

[2] Neuere Theorien des strategischen ‚signaling' unterstellen hingegen, dass Wähler über die aktuelle Wahl hinaus schauen und mit ihrer Stimme Parteien strategisch ein Signal für zukünftige Wahlen senden können (Meirowitz und Shotts 2009; Meirowitz und Tucker 2007; Myatt 2013).

Die zweite Annahme bedeutet, dass ein Wähler unterschiedliche Wahlausgänge eindeutig bewerten kann. Einfach ausgedrückt kann ein Wähler sagen, welcher Ausgang ihm am liebsten wäre, welcher Ausgang am zweitliebsten, usw. Dazu muss der Wähler sich nicht sämtliche möglichen Wahlausgänge vorstellen können. Es genügt, dass er bei einem Vergleich von zwei Wahlausgängen A und C, Ausgang C vorzieht, wenn er zuvor bei einem Vergleich von zwei Wahlausgängen A und B angab, Ausgang A und bei einem Vergleich von zwei Wahlausgängen B und C, Ausgang B zu bevorzugen. Kurz: Der Wähler muss wissen, was er möchte (und was nicht).

Die dritte Annahme besagt, dass ein Wähler eine ungefähre Vorstellung besitzt, wie andere Wähler abstimmen werden. Der Wähler muss nicht wissen, wie jeder einzelne andere Wähler abstimmt; aber er muss eine Einschätzung darüber besitzen, wie die Wahl voraussichtlich ausgehen wird. Was das im einzelnen bedeutet, wird in den folgenden Kapiteln näher erläutert.

Im Idealfall besitzt der Wähler eine Erwartung über die voraussichtlichen Stimmenanteile der Parteien aus Wahlumfragen und Prognosen. Aber das ist nicht zwingend erforderlich. Eine Erwartung darüber, wer am besten abschneiden wird, wer Zweiter wird, usw. genügt bereits, um eine strategische Stimme zu rechtfertigen. Manchmal reicht auch schlicht eine Erwartung darüber aus, wer in Front liegt oder wer abgeschlagen ist. In jedem Fall könnte ein Wähler strategisch handeln. Voraussetzung dafür ist, dass er zumindest ungefähr zu wissen glaubt, wie die anderen Wähler sich verhalten werden.[3]

Ausgehend von diesen Annahmen wird strategisches Wählen wie folgt definiert:

> Strategisches Wählen bezeichnet die Entscheidung, eine andere Partei zu wählen als die bevorzugte, um so einen günstigeren Wahlausgang zu erzielen.

Wann kann es für einen Wähler besser sein, gegen die bevorzugte Partei zu stimmen? Kapitel 3 und 6 beantworten diese Frage. Um seine Stimme bestmöglich einzusetzen, betrachtet ein instrumentell rationaler Wähler ausschließlich die eingangs angesprochenen pivotalen Situationen. Nur in diesen Situationen kann

---

[3] Eine wichtige theoretische Unterscheidung macht sich an der Frage fest, wie tief Erwartungen über das Verhalten anderer Wähler gehen. Die klassische Entscheidungstheorie unterstellt, dass der Wähler lediglich das Verhalten der anderen antizipiert und sein eigenes Verhalten strategisch daran ausrichtet. Die Spieltheorie geht statt dessen davon aus, dass alle Wähler strategisch denken und fragt dann, ob es Zustände gibt, in denen alle Wähler sich optimal verhalten, gegeben die strategischen Handlungen der anderen (sog. Nash-Gleichgewichte). In diesem Buch wird der entscheidungstheoretische Weg beschritten.

eine einzelne Stimme den Ausgang einer Wahl verändern. Folglich ist für den Wähler nur maßgeblich, welche dieser Situationen am ehesten eintreten könnte. Er schätzt dies anhand seiner Erwartungen über das voraussichtliche Wahlergebnis ab und wählt die in dieser Situation für ihn beste Alternative. Handelt es sich dabei nicht um die Partei, die er wählen würde, wenn er alleine entscheiden dürfte (d.h. seine bevorzugte Partei), so sprechen wir von strategischem Wählen. Auf dieser Grundlogik basiert strategisches Wählen mit der Erststimme ebenso wie mit der Zweitstimme. Der Unterschied zwischen beiden Formen strategischen Wählens liegt in der Frage, welche Situationen für die strategische Entscheidung relevant sind.

Die Antwort auf diese Frage hängt von den Rahmenbedingungen ab, unter denen der Wähler seine Entscheidung trifft. Die wichtigste Rahmenbedingung stellt, wie eingangs erwähnt, das Wahlsystem dar, genauer: die Regeln, nach denen Stimmen in Sitze umgerechnet werden. Ist das Wahlsystem restriktiv, wie die relative Mehrheitswahl, so reduziert sich, wie wir sehen werden, die Entscheidung des Wählers alleine auf die Frage, welche Parteien eine Chance haben, den Sieg davon zu tragen. Unter der weniger restriktiven Verhältniswahl spielen dagegen auch parlamentarische Mehrheitsverhältnisse und Koalitionsmöglichkeiten der Parteien eine Rolle.

Im Folgenden soll skizziert werden, wie ein strategischer Wähler unter diesen unterschiedlichen institutionellen Rahmenbedingungen zu einer Entscheidung kommt. Als Ausgangspunkt dient die klassische und vielfach studierte Entscheidungssituation des Wählers unter einfacher Mehrheitswahl (vgl. z. B. Cox 1997; Fisher 2004; Hoffman 1982; McKelvey und Ordeshook 1972; Myatt 2007; Myerson und Weber 1993; Palfrey 1989). Im Anschluss daran wird erläutert, wie sich die Logik strategischen Wählens auf die Verhältniswahl übertragen lässt.

2.1 Das Entscheidungsproblem unter Mehrheits- und Verhältniswahl

Unter relativer Mehrheitswahl beschränkt sich die Entscheidung des Wählers allein auf die Frage, welche Parteien oder Kandidaten am ehesten den Sitz im Wahlkreis gewinnen werden. Der Wähler stellt dabei folgende Überlegung an:

> Angenommen meine Stimme ist entscheidend, welche beiden Parteien werden im Wahlkreis am ehesten gleichauf liegen?

Die Idee dahinter ist die, seine Stimme dort einzusetzen, wo die Wahrscheinlichkeit den Wahlausgang zu beeinflussen am höchsten ist. Da die Wahrscheinlichkeit, dass die beiden führenden Kandidaten am Ende gleichauf liegen größer ist, als die Wahrscheinlichkeit eines Patts jedes anderen Kandidatenpaars, besteht für Wähler, deren bevorzugter Kandidat an dritter Stelle liegt, ein Anreiz ihre Stimme dem bevorzugten Kandidaten unter den beiden Führenden zu geben. Alle anderen Überlegungen bezüglich der Zusammensetzung des Parlaments, der Mehrheitsverhältnisse oder Koalitionslagen sind nachrangig (vgl. Cox 1997, S. 182 f.). Ein Wähler kann mit seiner Stimme lediglich das Ergebnis in seinem Wahlkreis beeinflussen, und das erreicht er am besten, indem er seine Stimme dem bevorzugten unter den beiden aussichtsreichsten Kandidaten gibt. Das Mehrheitswahlsystem stellt den strategischen Wähler damit effektiv vor die Wahl zwischen zwei Alternativen.

Anders sieht es unter der Verhältniswahl aus. Egal ob wir von einem Verhältniswahlsystem mit mehreren einzelnen Wahlkreisen oder, wie in Deutschland, mit einem nationalen Wahlkreis ausgehen, ein strategischer Wähler wird sich auch hier zunächst fragen, welche Parteien aussichtsreich und welche aussichtslos sind. Aussichtslos wären zunächst alle Parteien, die entweder keine Chance haben, auch nur eine Quote (bzw. bei Divisorverfahren einen Divisor) im Wahlkreis zu erringen oder deren Stimmenzahl deutlich unter der legalen Sperrklausel eines Wahlsystems liegt. Ein strategischer Wähler sollte es vermeiden, seine Stimme an solche Parteien zu verschwenden und sich statt dessen auf aussichtsreiche Parteien konzentrieren. Im Gegensatz zur Mehrheitswahl besitzen aber unter Verhältniswahl meistens mehr als zwei Parteien Chancen auf einen Sitz. Da unter Verhältniswahl stets mehrere Mandate pro Wahlkreis zu vergeben werden, sinkt die durchschnittliche Stimmenzahl, die eine Partei zum Gewinn eines Mandats benötigt (Taagepera und Shugart 1989b; Grofman und Selb 2009). Für welche Partei sollte sich ein strategischer Wähler entscheiden?

Eine erste naheliegende Antwort wäre die, dass sich ein Wähler stets für eine der beiden Parteien entscheiden sollte, die im Wettbewerb um den letzten zu vergebenden Sitz stehen (Cox und Shugart 1996). Diese Überlegung folgt aus der Einsicht, dass sich auch in proportionalen Wahlsystemen immer eine Partei identifizieren lässt, die gerade noch einen Sitz erhält und eine Partei, die als nächstes einen Sitz erhalten hätte (wenn ein weiterer Sitz noch zu vergeben gewesen wäre). Werden Sitze nach einer festen Quote zugeteilt (Quotenverfahren), so lassen sich die beiden marginalen Parteien bei der Zuteilung der letzten Sitze an die Parteien mit den größten Resten identifizieren. Werden Sitze nach einer variablen Quote vergeben (Divisorverfahren), identifiziert man die beiden marginalen Parteien, indem man die Sitze in absteigender Reihenfolge an die Parteien mit den größten

Durchschnitten vergibt.[4] Folgt man dieser Einsicht, so käme man auch für die Verhältniswahl zu der Schlussfolgerung, dass ein strategischer Wähler letztlich vor einer Wahl zwischen zwei Alternativen steht: den beiden Bewerbern um den letzten Sitz im Wahlkreis (Cox und Shugart 1996; Cox 1997).

Leider trägt diese Antwort in den meisten Fällen nicht sehr weit. Bereits Cox (1997, S. 105 f.) stellt in seiner wegweisenden Analyse strategischer Wahlsystemanreize fest, dass ab einer Größe von fünf im Wahlkreis zu vergebenden Mandaten strategisches Wählen verschwinden sollte. Denn um die beiden Wettbewerber um den letzten Sitz zu identifizieren, muss ein Wähler bei steigender Mandatszahl die Stimmenanteile der Parteien im Wahlkreis immer präziser vorhersagen können.

Die Schwierigkeit eines solchen Unterfangens lässt sich an einem einfachen Beispiel verdeutlichen. In einem Wahlkreis mit 100 zu vergebenden Mandaten (bei Bundestagswahlen werden derzeit 599 Mandate nach der Zweitstimme vergeben) bringt bei Verwendung der Hare-Quote jedes zusätzliche Prozent an Stimmen einer Partei einen weiteren Sitz. Sind anschließend noch Sitze übrig, werden diese nach den größten Resten vergeben, d.h. sie gehen an die Partei(en) mit den meisten verbleibenden Stimmen. Zur Illustration stelle man sich drei Parteien mit Stimmenanteilen von 45,5, 29,4 und 25,1 % vor. Die erste Partei gewinnt aufgrund ihres größeren Rests den letzten Sitz knapp vor der zweiten Partei. Um in dieser Situation strategisch wählen zu können, würde der Wähler eine Prognose benötigen, die mindestens die erste Nachkommastelle der Stimmenanteile verlässlich vorhersagt. Es gibt aber keine Technologie, mit der sich die Stimmenanteile von Parteien so genau vorhersagen ließen. Der Stichprobenfehler herkömmlicher Wahlprognosen liegt bei etwa ±2 Prozentpunkten. Selbst wenn wir diesen Fehler um den Faktor zehn (!) verringern[5] könnten, wäre es in dem angegebenen Beispiel nicht möglich die beiden Bewerber um den letzten Sitz mit ausreichender Sicherheit zu bestimmen, da sich die Vorhersagen für die beiden letzten Parteien bei einem Fehler von ±0, 2 Prozentpunkten überlappen. Würde man den Wahlkreis vergrößern, d. h. die Zahl der zu vergebenden Sitze erhöhen, dann müsste die Vorhersage noch präziser ausfallen. Ähnliches gilt, wenn die Zahl der Parteien zunimmt.

---

[4] Für eine Einführung in die Funktionsweise von Quoten- und Divisorverfahren, vgl. z. B. Farrell (2001); für eine rigorose Abhandlung vgl. Gallagher (1992).

[5] Für eine Verringerung des Stichprobenfehlers um den Faktor zehn muss sich die Stichprobengröße etwa verhundertfachen, da der Stichprobenfehler einer Schätzgröße mit der Quadratwurzel der Stichprobengröße sinkt. Statt also, wie üblich, 1000 Personen zu befragen, müssten 100.000 Personen befragt werden.

Strategisches Wählen zur Vermeidung der Stimmvergeudung ist in großen Wahlkreisen technisch nicht möglich. Denkbar wäre es vielleicht noch in kleinen Wahlkreisen mit höchstens sechs Sitzen. Allerdings dürfte dann die Zahl der aussichtsreichen Parteien nicht groß sein und vor allem müssten zuverlässige Wahlumfragen auf Wahlkreisebene zur Verfügung stehen. Insbesondere die letzte Bedingung ist in Wahlen bisher kaum erfüllt (und nationale Wahlumfragen helfen hier nicht weiter). Zudem wirken viele Länder mit kleinen Wahlkreisen (z. B. Schweden, Dänemark, Irland oder Österreich) dem Problem verschwendeter Stimmen auf Wahlkreisebene mit zweifachen Stimmverrechnungsverfahren (engl. two-tier districting), Stimmentransfers oder Listenverbindungen entgegen (Lijphart 1994; Blais und Massicotte 1996). Vom Wahlsystem ausgehende Anreize, die Vergabe des letzten Sitzes im Wahlkreis zu beeinflussen, werden damit praktisch ausgeschaltet. Unter Verhältniswahl bleiben einem Wähler, der seine Stimme nicht verschwenden möchte, somit generell mehr als zwei Wahlmöglichkeiten.

Da das Wahlsystem alleine offenbar nicht ausreicht, um die Zahl aussichtsreicher Parteien auf zwei zu beschränken, tritt für den strategischen Wähler eine zweite Frage in den Vordergrund:

> Angenommen meine Stimme könnte jeder der aussichtsreichen Parteien einen zusätzlichen Sitz bescheren, wie lassen sich die Mehrheitsverhältnisse dann am ehesten verändern?

Dies scheint die zentrale Frage für strategisches Wählen unter Verhältniswahl zu sein, wenn man voraussetzt, dass Wähler nicht in der Lage sind, die beiden Bewerber um den letzten zu vergebenden Sitz im Wahlkreis zu identifizieren. Damit eröffnen sich eine Reihe zusätzlicher Freiheitsgrade für die Beantwortung der Frage, wie sich ein strategischer Wähler entscheiden sollte: Während unter relativer Mehrheitswahl einzig die Situation im Wahlkreis ausschlaggebend ist, rücken unter Verhältniswahl das Parlament und die voraussichtlichen Mehrheitsverhältnisse in den Fokus.

Abbildung 2.1 verdeutlicht diesen Zuwachs an Möglichkeiten. Die horizontale Achse gibt die Stärke des Wahlsystems im Sinne von Taagepera und Shugart (1989a) oder Lijphart (1994) an. Darunter wird die Hürde verstanden, die das Wahlrecht für den Einzug ins Parlament setzt. Starke Wahlsysteme setzten eine hohe Hürde und führen eher zu disproportionalen Ergebnissen, schwache Wahlsysteme setzen keine hohe Hürde und führen eher zu proportionalen Ergebnissen (vgl. z. B. Gallagher 1992; Lijphart 1994). Ein häufig verwendetes Maß für die Durchlässigkeit eines Wahlsystems ist der effektive Schwellenwert (vgl. Lijphart 1999; Taagepera und Shugart 1989a; Taagepera und Shugart 1993). Je höher dieser Schwellenwert, desto größer der Anteil an Stimmen, den eine Par-

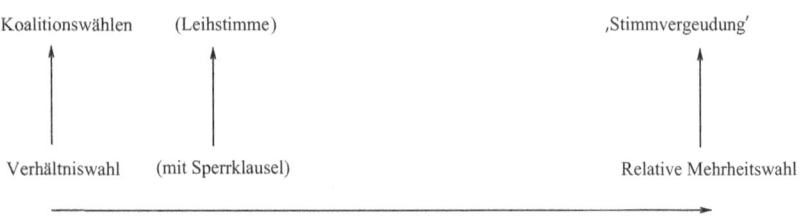

Abb. 2.1 Die Stärke des Wahlsystems und Arten strategischen Wählens

tei im Durchschnitt für den Parlamentseinzug benötigt. Am höchsten ist sie unter der relativen Mehrheitswahl in Einerwahlkreisen, am niedrigsten unter der Verhältniswahl in großen Wahlkreisen (vgl. Gallagher 1992; Lijphart und Gibberd 1977).

Strategisches Wählen mit der Erststimme und strategisches Wählen mit der Zweitstimme liegen, so gesehen, an den Enden eines Kontinuums. Bei der Erststimme ist die Hürde für Sitzgewinne hoch. Daraus ergibt sich ein Anreiz für Wähler, sich strategisch auf die beiden aussichtsreichsten Parteien im Wahlkreis zu konzentrieren. Bei der Zweitstimme ist die Stimmenverrechnung so proportional, dass von ihr keine Anreize zu strategischem Wählen mehr ausgehen. Statt dessen rücken für den Wähler nun die voraussichtlichen Mehrheitsverhältnisse im Parlament in den Vordergrund. Selbst unter einem perfekt proportionalen Wahlsystem entstehen auf diese Weise noch Anreize zum strategischen Wählen.

Der Anschaulichkeit halber wird strategisches Wählen mit der Zweitstimme in Abb. 2.1 als Koalitionswählen bezeichnet, da hier vor allem die voraussichtlichen Koalitionen und Mehrheitsverhältnisse im Parlament entscheidend sind. Strategisches Wählen mit der Erststimme wird, in Anlehnung an den internationalen Begriff ,wasted vote', mit ,Stimmvergeudung' umschrieben, da es hier darum geht, seine Stimme möglichst nicht an Parteien zu ,verschwenden', die keine Chance auf das Direktmandat haben. Ebenfalls in Abb. 2.1 angegeben, ist die so genannte Leihstimme. Die Idee der Leihstimme ist, dass Anhänger großer Parteien für den jeweiligen Juniorpartner ihrer Partei stimmen, sofern dieser an der Fünf-Prozent-Hürde zu scheitern droht. Roberts (1988) und Schoen (1999) führen die Idee der Leihstimme in die internationale Literatur ein. Pappi und Thurner (2002), Gschwend (2007) und Meffert und Gschwend (2010) liefern empirische Studien zu strategischem Leihstimmenwählen mit jeweils unterschiedlichen Ergebnissen.

In Abb. 2.1 ist die Leihstimme in Klammern aufgeführt. Damit soll ausgedrückt werden, dass es sich hier nur um eine Variante des strategischen Koalitionswählens handelt. In Kap. 6 wird gezeigt, dass es bei der Leihstimme, wie beim Koalitionswählen letztlich darum geht, die Mehrheitsverhältnisse im Parlament zu beeinflussen. Weiterhin wird gezeigt, dass die Theorie des Koalitionswählens die Leihstimme als Spezialfall beinhaltet, der dann auftritt, wenn im Wahlrecht eine Sperrklausel für den Parlamentseinzug vorgesehen ist und mindestens eine Koalitionspartei an der Sperrklausel zu scheitern droht. Ohne die Sperrklausel, oder wenn keine Partei an ihr zu scheitern droht, verschwindet der Anreiz für eine Leihstimme, aber nicht der Anreiz zum strategischen Koalitionswählen allgemein.

Zusammen genommen, verdeutlicht Abb. 2.1 noch einmal grafisch, dass die Zweitstimme andere Möglichkeiten mit sich bringt, das Wahlergebnis zu beeinflussen, als die Erststimme. Daraus folgt, dass ein und derselbe Wähler, wenn er mit der Zweitstimme wählt, eine andere Abwägung vornimmt, als wenn er mit der Erststimme wählt. Wie diese unterschiedlichen Abwägungen im Einzelnen aussehen, ist Gegenstand der folgenden Kapitel.

2.2 Fazit

Der soeben dargestellte Überblick macht drei Dinge klar. Erstens: Strategisches Wählen mit der Erst- und Zweitstimme fußt auf derselben Grundlogik. Zweitens: Durch die unterschiedliche Stimmverrechnung ergeben sich andere Möglichkeiten, das Wahlergebnis zu beeinflussen. Drittens: Strategisches Wählen mit der Erststimme folgt anderen Anreizen als strategisches Wählen mit der Zweitstimme.

Zusammenfassend können wir festhalten, dass in einem restriktiven Wahlsystem wie der einfachen Mehrheitswahl strategisches Wählen von der Frage dominiert wird, welche beiden Parteien die größten Chancen haben, das Mandat im Wahlkreis zu gewinnen. Darüber hinaus gehende Überlegungen, die auch die parlamentarische Sitzverteilung berücksichtigen, spielen praktisch keine Rolle.

Unter der weniger restriktiven Verhältniswahl sollten sich strategische Wähler ebenfalls auf Parteien konzentrieren, die Aussicht auf mindestens einen Sitz im Wahlkreis haben. Bei Bundestagswahlen ist es aber aufgrund der großen Zahl zu vergebender Mandate unmöglich zu bestimmen, welche beiden Parteien um den letzten zu vergebenden Sitz konkurrieren. Damit rückt die Frage in den Vordergrund, wie sich ein zusätzlicher Sitz für jede der voraussichtlich im Parlament vertretenen Parteien auf die parlamentarischen Mehrheitsverhältnisse auswirken könnte. Hier setzt die im zweiten Teil des Buches vorgestellte Theorie strategischen Koalitionswählens an.

Literatur

Baron DP, Diermeier D (2001) Elections, governments and parliaments in proportional representation systems. Quarterly Journal of Economics August:933–967

Blais A, Massicotte L (1996) Electoral systems. In: Comparing Democracies. Elections and Voting in Global Perspective, Sage, Thousand Oaks

Cox GW (1997) Making Votes Count: Strategic Coordination in the World's Electoral Systems. Cambridge University Press, Cambridge

Cox G, Shugart MS (1996) Strategic voting under proportional representation. Journal of Law, Economics and Organization 12:299–324

Farrell DM (2001) Electoral Systems. A Comparative Introduction. Palgrave Macmillan, Basingstoke

Feddersen T, Pesendorfer W (1998) Convicting the innocent: The inferiority of unanimous jury verdicts under strategic voting. American Political Science Review 92:23–35

Fisher SD (2004) Definition and measurement of tactical voting: The role of rational choice. British Journal of Political Science 34:125–166

Gallagher M (1992) Comparing proportional representation electoral systems: Quotas, thresholds, paradoxes and majorities. British Journal of Political Science 22:469–496

Grofman B, Selb P (2009) A fully general index of political competition. Electoral Studies 28:291–296

Gschwend T (2007) Ticket-splitting and strategic voting under mixed electoral rules: Evidence from Germany. European Journal of Political Research 46:1–23

Hoffman DT (1982) A model for strategic voting. SIAM Journal on Applied Mathematics 42(4):751–761

Lijphart A (1994) Electoral systems and party systems: a study of twenty-seven democracies, 1945–1990. Oxford University Press, Oxford

Lijphart A (1999) Patterns of democracy : government forms and performance in thirty-six countries. Yale University Press, New Haven

Lijphart A, Gibberd RW (1977) Thresholds and payoffs in list systems of proportional representation. European Journal of Political Research 5(3):219–244

McKelvey RD, Ordeshook PC (1972) A general theory of the calculus of voting. In: Herndon J, Bernd J (eds) Mathematical Applications in Political Science, University Press of Virginia, pp 32–78

Meffert MF, Gschwend T (2010) Strategic coalition voting: Evidence from Austria. Electoral Studies 29:339–349

Meirowitz A, Shotts KW (2009) Pivots versus signals in elections. Journal of Economic Theory 144:744–771

Meirowitz A, Tucker JA (2007) Run Boris run: Strategic voting in sequential elections. Journal of Politics 69:88–99

Myatt DP (2007) On the theory of strategic voting. Review of Economic Studies 74(1):255–281

Myatt DP (2013) A theory of protest voting Working Paper, London Business School

Myerson RB, Weber RJ (1993) A theory of voting equilibria. American Political Science Review 87:102–114

Palfrey TR (1989) A mathematical proof of Duverger's law. In: Ordeshook PC (ed) Models of Strategic Choice in Politics, University of Michigan Press, Ann Arbor, pp 69–91

Pappi FU, Thurner PW (2002) Electoral behaviour in a two-vote system: Incentives for ticket splitting in German Bundestag elections. European Journal of Political Research 41:207–32

Roberts GK (1988) The "second-vote" campaign strategy of the West German Free Democratic Party. European Journal of Political Research 16:317–337

Schoen H (1999) Split-ticket voting in German federal elections, 1953-90: An example of sophisticated balloting? Electoral Studies 18:473–96

Taagepera R, Shugart MS (1989a) Designing electoral systems. Electoral Studies 8:49–58

Taagepera R, Shugart MS (1989b) Seats and Votes: The Effects and Determinants of Electoral Systems. Yale University Press, New Haven

Taagepera R, Shugart MS (1993) Predicting the number of parties: A quantitative model of Duverger's mechanical effect. American Political Science Review 87:455–464

Teil I
Erststimme

Das Kalkül des strategischen Wählens unter relativer Mehrheitswahl

3

In einer relativen Mehrheitswahl steht ein Wähler vor der Entscheidung, seine Stimme einer anderen Partei als der bevorzugten zu geben, sofern diese keine Chance hat, den Sieg davon zu tragen. Strategisches Wählen zielt darauf ab, einen möglichst günstigen Wahlausgang herbei zu führen – im Extremfall könnte ein einzelner strategischer Wähler somit den Ausschlag geben, welche Partei die Wahl gewinnt.

Relative Mehrheitswahlen sind wie geschaffen, um durch strategisches Verhalten seitens der Wähler ‚manipuliert' zu werden (vgl. Forsythe et al. 1993, 1996; Rietz et al. 1998; Kselman und Niou 2010). Im Gegensatz zur Verhältniswahl zählt bei einfacher Mehrheitswahl nur, welcher Kandidat die meisten Stimmen auf sich vereinigt; einen Preis für den zweiten Platz gibt es nicht. Das hat den Effekt, dass nur eine Stimme für einen der beiden aussichtsreichsten Kandidaten über den Wahlausgang entscheiden kann. Die Chance mit seiner Stimme einem anderen Kandidaten zum Sieg zu verhelfen, ist im Vergleich dazu unbedeutend. Anders ausgedrückt, jede Stimme für einen dritt- oder viertplatzierten Kandidaten ist vergeudet. Sofern der eigene Wunschkandidat also nicht zu den beiden führenden Bewerbern gehört, liegt es nahe seine Stimme einzusetzen, um dem ‚kleineren Übel' unter den beiden aussichtsreichen Bewerbern zum Sieg zu verhelfen.

Als Beispiel stelle man sich einen Wahlkreis vor, in dem 40 % der Wähler hinter dem Amtsinhaber stehen. Der Amtsinhaber sieht sich zwei Herausforderern A und B, mit jeweils 38 und 22 % Anhängerschaft im Wahlkreis gegenüber. Sofern jeder Wähler für seinen bevorzugten Kandidaten stimmt, wird der Amtsinhaber wiedergewählt. Entscheidet sich aber nur ein kleiner Teil der Anhänger von B, die Herausforderer A dem Amtsinhaber vorziehen, für A zu stimmen, so verliert

© Springer Fachmedien Wiesbaden 2015
M. Herrmann, *Strategisches Wählen in Deutschland*,
DOI 10.1007/978-3-658-09051-7_3

der Amtsinhaber die Wahl. Unter einfacher Mehrheitswahl muss daher nicht unbedingt der Kandidat oder die Partei mit den meisten Anhängern gewinnen, sondern auch jener, welcher die meisten strategischen Stimmen von Anhängern schlechter platzierter Kandidaten auf sich vereinigt.[1] Solange mehr als zwei Bewerber zur Wahl stehen, besitzen Anhänger des drittplatzierten, oder schlechter platzierter Kandidaten stets einen Anreiz ihre Stimme einem der beiden führenden Kandidaten zu geben.[2] Einfach ausgedrückt entspricht diese Entscheidung der Wahl eines zweitbesten Kandidaten, um damit ‚das Schlimmste zu verhindern'.

Was genau mit strategischem Erststimmenwählen gemeint ist und welche Rolle es bei deutschen Bundestagswahlen spielt, ist Gegenstand des ersten Teils dieses Buchs. Die folgende Darstellung der Theorie des strategischen Wählens unter relativer Mehrheitswahl orientiert sich an McKelvey und Ordeshook (1972), Hoffman (1982), Palfrey (1989) und Myerson and Weber (1993). Weitere wegweisende Arbeiten zur Theorie strategischen Wählens unter relativer Mehrheitswahl beinhalten Cox (1997), Fey (1997) und Myatt (2007).

3.1 Das Entscheidungsproblem des Wählers

Jede Theorie strategischen Wählens basiert auf der Annahme, dass Wähler ihre Stimme als ein Instrument einsetzen, um das Ergebnis einer Wahl zu ihren Gunsten zu beeinflussen (vgl. Kap. 2). Um das Kalkül eines strategischen Wählers zu verstehen, müssen wir uns daher auf Situationen konzentrieren, in denen eine Stimme den Ausgang der Wahl verändern würde. In einer relativen Mehrheitswahl liegt eine so genannte pivotale Situation immer dann vor, wenn zwei Parteien gleichauf liegen oder eine Partei genau eine Stimme vor der Zweitplatzierten liegt. In allen anderen möglichen Wahlausgängen hat eine einzelne Stimme keinen Effekt auf den Wahlausgang. Wir beginnen der Einfachheit halber mit dem Entscheidungsproblem eines Wählers in einer relativen Mehrheitswahl mit drei

---

[1] Das muss sich nicht zwangsläufig zum Nachteil des führenden Kandidaten auswirken. Im obigen Beispiel könnte man auch davon ausgehen, dass es Anhänger von B gibt, die den Amtsinhaber dem Herausforderer A vorziehen und deswegen strategisch für den Amtsinhaber stimmen (um sicherzustellen, dass er wiedergewählt wird).

[2] In Wahlen mit nur zwei Bewerbern besteht keine Möglichkeit strategisch einen zweitbesten Kandidaten zu wählen um das Schlimmste zu verhindern. Jeder Wähler sollte deshalb für seinen favorisierten Kandidaten stimmen.

Parteien. Im Anschluss daran betrachten wir die Entscheidungsregel, wenn mehr als drei Parteien um den Sitz konkurrieren.

Bei relativer Mehrheitswahl mit drei Parteien lässt sich die Wahlregel eines strategischen Wählers folgendermaßen beschreiben: Wähle die zweitbeste Alternative, sofern der erwartete Nutzen dieser Handlung größer ausfällt als der erwartete Nutzen der Wahl der besten Alternative.[3] Formal lässt sich diese Regel in der folgenden Ungleichung ausdrücken:

$$p_{12}(u_1 - u_2) + p_{13}(u_1 - u_3) \leq p_{12}(u_2 - u_1) + p_{23}(u_2 - u_3), \qquad (3.1)$$

wobei die einzelnen u-Terme in Ungleichung (3.1), je nach Subskript, für den Nutzen eines Sieges der erst-, zweit- oder drittpräferierten Partei stehen, wobei gilt, dass $u_1 \geq u_2 \geq u_3$ und die p-Terme die Wahrscheinlichkeit, dass die eigene Stimme den Wahlausgang zwischen der erst- und zweit-, erst- und dritt-, oder zweit- und drittpräferierten Partei entscheidet, bezeichnen (für eine Herleitung von Ungleichung (3.1), siehe McKelvey und Ordeshook (1972), Black (1978), Hoffman (1982)).

Jede der so genannten Pattwahrscheinlichkeiten in Ungleichung (3.1) gibt an, wie wahrscheinlich es ist, dass die zwei im Subskript notierten Parteien entweder genau gleich viele Stimmen erhalten oder lediglich eine Stimme auseinander liegen, so dass die Stimme des Wählers den Ausschlag geben würde.[4] Natürlich ist es in Massenwahlen sehr unwahrscheinlich, dass es zu so einem Ereignis kommt, aber für die Wahlentscheidung spielt die absolute Wahrscheinlichkeit keine Rolle, sondern vielmehr die relative Wahrscheinlichkeit, also die Frage, um wie viel wahrscheinlicher ein Ereignis gegenüber zu einem anderen ist. Auf diesen Punkt werden wir später noch genauer eingehen. Zunächst finden wir in Ungleichung (3.1) das Kriterium zu strategischem Wählen. Ein Wähler entscheidet sich für die aus seiner Sicht zweitbeste Alternative, wenn die Ungleichung erfüllt ist, andernfalls wählt er die von ihm bevorzugte Partei.

---

[3] Die Wahl der drittbesten Alternative kann nicht optimal sein, daher zählt nur der Vergleich der beiden besseren Optionen. Mit der ‚besten' bzw. ‚zweitbesten' Alternative sind die Parteien gemeint, deren Sieg der Wähler am meisten bzw. am zweitmeisten schätzen würde.

[4] Im Einklang mit der Literatur wird ein Dreiparteienpatt ausgeschlossen (z. B. McKelvey und Ordeshook 1972; Black 1978; Myerson und Weber 1993). Die Wahrscheinlichkeit eines solchen Patts ist im Vergleich zu jedem Zweiparteienpatt verschwindend gering, weshalb ein Dreiparteienpatt im Entscheidungskalkül des Wählers vernachlässigt werden kann.

Auf der linken Seite der Ungleichung finden wir den Erwartungsnutzen einer Wahl der bevorzugten Partei. Dieser Nutzen kann auf zweierlei Art realisiert werden. Entweder indem man mit der eigenen Stimme der bevorzugten Partei zum Sieg (bzw. einem Patt) über die zweitpräferierte Partei verhilft. Gegenüber dem Wahlsieg der zweitpräferierten Partei stiftet dies dem Wähler einen zusätzlichen Nutzen von $u_1 - u_2$. Gewichtet wird der Nutzen mit der Wahrscheinlichkeit, dass der Wähler mit seiner Stimmabgabe dieses Ergebnis herbei führt. Die zweite Art, auf die eine Stimmabgabe für die bevorzugte Partei nützlich sein könnte, ist indem sie der bevorzugten Partei zum Sieg (bzw. einem Patt) über die am wenigsten gewünschte Partei verhilft. In diesem Fall würde der Wähler mit Wahrscheinlichkeit p_{13} einen Nutzengewinn von $u_1 - u_3$ verbuchen.

Analog dazu steht auf der rechten Seite der Erwartungsnutzen einer Stimmabgabe zugunsten der zweitpräferierten Partei. Dieser ergibt sich wiederum aus zwei Situationen: Entweder verhilft die eigene Stimme der zweitpräferierten Partei zum Sieg (bzw. einem Patt) über die bevorzugte Partei. Dies ist dasselbe Szenario wie im vorherigen Abschnitt, nur mit dem Unterschied, dass der Wähler der ‚falschen' Partei zum Sieg verhelfen würde und so, mit Wahrscheinlichkeit p_{12}, einen Verlust von $u_2 - u_1$ hinnehmen müsste. Die einzige Möglichkeit für den Wähler seinen Nutzen mit der Wahl der zweitpräferierten Partei zu steigern, ist indem er der zweitpräferierten Partei zum Sieg (bzw. einem Patt) über die am wenigsten gewünschte Partei verhilft. In diesem Fall hätte er mit Wahrscheinlichkeit p_{23} einen Nutzengewinn von $u_2 - u_3$.

Man sieht bereits hier, dass sich die Wahl der zweitbesten anstelle der bevorzugten Partei nur lohnen kann, wenn die Wahrscheinlichkeiten p_{12} und p_{13} wesentlich kleiner sind als p_{23}, d. h. wenn die Wahrscheinlichkeiten eines Patts zwischen der favorisierten Partei und jeder der beiden anderen Parteien kleiner sind, als die Wahrscheinlichkeit eines Patts zwischen der zweitpräferierten und der ungeliebten Partei. Dieser Anreiz vergrößert sich zudem, je schlechter ein Wahlsieg der ungeliebten gegenüber der zweitbesten Partei bewertet wird, d. h. je größer $u_2 - u_3$. Dieser Zusammenhang wird noch klarer, wenn wir Ungleichung (3.1) umformen:

$$\frac{u_1 - u_3}{u_2 - u_3} \leq \frac{2p_{12} + p_{23}}{2p_{12} + p_{13}}. \tag{3.2}$$

Eine Herleitung von Ungleichung (3.2) findet sich in Anhang A. Ungleichung (3.2) besagt, dass ein Wähler seine bevorzugte Partei wählen sollte, solange seine relative Präferenz für diese Partei gegenüber der zweitpräferierten Alternative größer ist, als die Chance eines Patts zwischen der zweit- und drittpräferierten Partei gegenüber der eines Patts zwischen der favorisierten Partei und der drittpräferierten Partei (vgl. Hoffman 1982; Palfrey 1989; Fey 1997). Diese Darstellung des Wahlkriteriums ist äquivalent zur Darstellung in Ungleichung (3.1), jedoch wesentlich intuitiver.

Betrachten wir einen Wähler, dessen Nutzen von einem Sieg der drittpräferierten Partei, u_3, null ist. Dieser Wähler würde sich fragen: Sofern es zu einem Patt kommen sollte, wie stehen die Chancen, dass es ein Patt zwischen meiner dritt- und zweitliebsten Partei wird, gegenüber den Chancen, dass es zu einem Patt zwischen meiner drittliebsten und bevorzugten Partei kommt? Nehmen wir an, der Wähler käme zu dem Schluss, die Chancen (p_{23}/p_{13}) stünden 2:1 – das erste Patt, ihm also doppelt so wahrscheinlich erschien wie das zweite – so würde er, grob gesprochen, seine bevorzugte Partei nur wählen, wenn ihm ihr Sieg mindestens doppelt so wichtig wäre wie ein Sieg der zweitliebsten Partei. Bedeutet ihr Sieg ihm weniger, so würde er sich strategisch für die Wahl seiner zweitliebsten Partei entscheiden. Strenggenommen ist diese Aussage nicht vollständig korrekt, da sie die Wahrscheinlichkeit eines Patts zwischen der favorisierten und der zweitpräferierten Partei, p_{12}, ausblendet, bzw. unterstellt, diese Wahrscheinlichkeit sei null (generell gilt: je größer p_{12}, desto schwächer wird die oben beschriebene Tendenz). Inhaltlich ändert sich dadurch jedoch nichts. Für strategisches Wählen spielt letztlich nur das Verhältnis von p_{23} zu p_{13} eine Rolle. Je größer p_{23} gegenüber p_{13}, desto eher sollte, ceteris paribus, strategisch gewählt werden.

Die Darstellung in Ungleichung (3.2) zeigt zwei wichtige Eigenschaften strategischen Wählens auf: Erstens kommt es bei der Wahlentscheidung nicht darauf an, wie wahrscheinlich es ist, dass eine Pattsituation (egal welche) entsteht. In Massenwahlen sind solche Wahrscheinlichkeiten extrem gering. Worauf es ankommt, ist der Vergleich der Wahrscheinlichkeiten und der funktioniert auch mit extrem kleinen Wahrscheinlichkeiten: Ein Ereignis mit Wahrscheinlichkeit 0,00002 ist immer noch doppelt so wahrscheinlich wie ein Ereignis mit Wahrscheinlichkeit 0,00001. Um strategisch zu wählen muss der Wähler die absoluten Wahrscheinlichkeiten noch nicht einmal kennen, sondern lediglich ihr Verhältnis zueinander abschätzen können.[5]

Zweitens kann man aus Ungleichung (3.2) ablesen, dass strategisches Wählen nur in Frage kommen kann, wenn die Chancen, wie in dem obigen Beispiel, zugunsten eines Patts zwischen der dritt- und zweitliebsten Partei ausfallen. Bei einer 1:1 Chance, oder weniger, sollte immer die bevorzugte Partei gewählt werden. Wieso? Weil der linke Bruch nicht kleiner als eins werden kann. Der Wähler bewertet per Definition seine bevorzugte Partei mindestens genauso hoch wie seine zweitliebste Partei. Die Differenz im Zähler wird daher immer größer oder

---

[5] Dies ist ein anderer Zusammenhang, als bei der Entscheidung zur Wahlteilnahme. Letztere hängt tatsächlich von der absoluten Wahrscheinlichkeit eines Patts ab (vgl. Riker und Ordeshook 1968).

gleich der Differenz im Nenner sein. Damit strategisch gewählt wird, muss also eine Situation vorliegen, in der ein Patt zwischen den beiden vom Wähler weniger präferierten Parteien wahrscheinlicher erscheint, als ein Patt zwischen der bevorzugten Partei und der drittbesten Partei.

Diese Situation liegt vor allem dann vor, wenn die bevorzugte Partei im Rennen um den Sieg an dritter Stelle liegt. Generell ist die Wahrscheinlichkeit eines unentschiedenen Wahlausgangs zwischen den beiden aussichtsreichsten Parteien immer größer als die Wahrscheinlichkeit, dass zwei andere Parteien gemeinsam auf dem ersten Platz enden (Cox 1997; Palfrey 1989; Myatt 2007). Je weiter eine drittplatzierte Partei also zurück liegt, umso geringer wird ihre Chance zusammen mit einer anderen Partei auf dem ersten Platz zu enden und umso größer der Anreiz für Anhänger dieser Partei ihre Stimme ihrer zweitpräferierten Alternative (d. h. einer der beiden führenden Parteien) zu geben. Damit zeigt sich, dass das theoretische Modell in Ungleichung (3.2) eine präzise Abbildung der eingangs des Kapitels beschriebenen Entscheidung zum strategischen Wählen bietet.

3.2 Die Entscheidung zwischen mehr als drei Parteien

Bisher haben wir uns mit einer Situation beschäftigt, in der drei Parteien um den Sitz konkurrieren. Stehen mehr als drei Parteien zur Wahl, vergrößert sich der Handlungsspielraum. Die Logik strategischen Wählens bleibt jedoch dieselbe. Wie wir gesehen haben, impliziert diese Logik bei drei Parteien, dass der Wähler die zweitbeste Alternative wählt, sofern der erwartete Nutzen dieser Handlung größer ausfällt als der erwartete Nutzen der Wahl der besten Alternative. Bei vier oder mehr Parteien impliziert dieselbe Logik, dass der Wähler die zweitbeste Alternative wählt, sofern der erwartete Nutzen dieser Handlung größer ausfällt als der erwartete Nutzen der Wahl *jeder* anderen Alternative; fällt dagegen der erwartete Nutzen der Wahl einer anderen Alternative als der besten oder der zweitbesten am höchsten aus, so entscheidet er sich für diese Handlung.

Anders als im Dreiparteienfall vergleicht ein strategischer Wähler nun also nicht nur den erwarteten Nutzen der Wahl seiner erst- und zweitpräferierten Alternativen, sondern er vergleicht sämtliche Wahloptionen miteinander und entscheidet sich für diejenige mit dem höchsten erwarteten Gewinn. Der erwartete Gewinn der Wahl einer bestimmten Partei ergibt sich, indem man alle Situationen in Betracht zieht, in denen eine Stimme für diese Partei ihr zu einem Sieg (bzw. einem Patt) gegenüber einer der anderen Parteien verhelfen würde. Dieses

prospektive Rating (Black 1978; Cox 1994; Hoffman 1982; McKelvey und Ordeshook 1972; Myerson und Weber 1993) der Handlung ,Wahl von Partei i' lässt
sich formal ausdrücken als

$$G_i = \sum_{j \neq i} p_{ij}(u_i - u_j), \tag{3.3}$$

wobei j alle anderen zur Wahl stehenden Parteien, außer der betrachteten Partei
i, indiziert und $u_1 > u_2 > u_j > \cdots > u_k$. Die Entscheidungsregel des Wählers lautet dann diejenige Partei i zu wählen, für die G_i maximal ist. Dies kann
auch bedeuten, eine Partei zu wählen, die in der eigenen Präferenzordnung nur
an dritter oder vierter Stelle rangiert.

Diese Situation läge beispielsweise vor, wenn die Wahrscheinlichkeit wesentlich größer wäre, dass die Wahl in einem Patt zwischen der drittpräferierten Partei
und einer weniger präferierten Partei endet, als dass sie in einem Patt endet, das
die erst- oder zweitpräferierte Partei beinhaltet. Zur Illustration stelle man sich
einen Wähler mit folgender Präferenzordnung vor: Grüne $\succ$ Die Linke $\succ$ SPD $\succ$
FDP $\succ$ CDU. Der Wähler erwartet für seinen Wahlkreis ein Kopf an Kopf Rennen
zwischen CDU und SPD. Alle übrigen Parteien sieht er abgeschlagen auf den hinteren Plätzen. In dieser Situation ist G_3 vergleichsweise hoch: Ein Patt zwischen
der drittpräferierten SPD und der ungeliebten CDU ist am wahrscheinlichsten und
je mehr der Wähler die SPD der CDU vorzieht, desto größer ist der erwartete Gewinn einer Wahl der SPD.[6] Die erwarteten Gewinne einer Wahl der erst-, zweit-
oder viertpräferierten Partei, G_1, G_2 und G_4, fallen dagegen vergleichsweise klein
aus, da die Wahrscheinlichkeiten eines Patts zwischen einer der abgeschlagenen
Parteien und jeder anderen Partei verschwindend gering sind. Die Wahl der Alternative auf dem letzten Präferenzrang kann nie zu einem besseren Ergebnis führen
(alle Nutzendifferenzen in G_5 sind strikt negativ). Die Wahl der SPD liefert also
den höchsten erwarteten Nutzen.

In einer relativen Mehrheitswahl mit mehr als drei Parteien kann es also optimal sein, eine dritt- oder weniger präferierte Alternative zu wählen, um den Sieg
einer noch weniger präferierten Alternative zu verhindern. Die Logik ist dieselbe
wie im Dreiparteienfall. Gewinner strategischen Wählens sind auch hier die beiden Parteien, die aus Wählersicht die größten Chancen auf den Sieg haben, d. h.
zwischen denen ein Patt am wahrscheinlichsten erscheint.

---

[6] Aufgrund ihrer vergleichsweise geringen Wahrscheinlichkeit haben alle übrigen Pattsituationen in der Summe kaum einen Einfluss auf die Höhe von G_3.

3.3 Fazit

Da nur die Partei mit den meisten Erststimmen ein Direktmandat gewinnt, kann es sich für Anhänger aussichtsloser Parteien lohnen, ihre Erststimme einer aussichtsreicheren Partei zu geben. In diesem Kapitel wurde die Theorie strategischen Wählens unter relativer Mehrheitswahl erläutert. Es wurde gezeigt, dass Anhänger aussichtsloser Parteien einen Anreiz besitzen, der bevorzugten unter den beiden führenden Parteien ihre Erststimme zu geben. Der Grund liegt darin, dass eine Stimme den Ausgang der Wahl nur entscheiden kann, wenn es zu einer Pattsituation kommt und ein Patt zwischen den beiden führenden Parteien ist wahrscheinlicher als jedes andere Patt. Sofern ein Wähler abschätzen kann, welche beiden Parteien den Sieg unter sich ausmachen werden, besteht für ihn die Möglichkeit, das voraussichtliche Ergebnis zu seinen Gunsten zu beeinflussen, indem er für die bevorzugte unter den beiden führenden Parteien stimmt.

Derselbe Anreiz besteht, wenn neben der drittplatzierten Partei weitere Parteien zur Wahl antreten. Auch hier gilt: Solange die beiden aussichtsreichsten Parteien im Wahlkreis identifizierbar sind, besteht ein Anreiz, die bevorzugte unter diesen beiden Parteien zu wählen um den Ausgang der Wahl bestmöglich zu beeinflussen. Generell kann es mit zunehmender Zahl von Parteien schwieriger werden, die beiden aussichtsreichen Parteien zu identifizieren, besonders wenn die Anhängerschaft im Wahlreis breit gestreut ist (vgl. z. B. Cox 1997). Für deutsche Bundestagswahlen galt dies bisher nicht, wie das nächste Kapitel zeigt.

Die Frage, die sich nun stellt, ist: Machen Wähler von der Möglichkeit strategischer Einflussnahme mit der Erststimme Gebrauch und mit welchem Erfolg? Das nächste Kapitel sucht nach Belegen für strategisches Wählen mit der Erststimme. Kapitel 4 untersucht dann den politischen Effekt strategischer Wähler auf den Ausgang im Wahlkreis und die Entstehung von Überhangmandaten.

Literatur

Black JH (1978) The multicandidate calculus of voting: Application to Canadian federal elections. American Journal of Political Science 22:609–638

Cox GW (1994) Strategic voting under the single nontransferable vote. American Political Science Review 88:608–621

Cox GW (1997) Making Votes Count: Strategic Coordination in the World's Electoral Systems. Cambridge University Press, Cambridge

Fey M (1997) Stability and coordination in Duverger's law: A formal model of preelection polls and strategic voting. American Political Science Review 91:135–147

Forsythe R, Myerson RB, Rietz TA, Weber RJ (1993) An experiment on coordination in multi-candidate elections: The importance of polls and election histories. Social Choice and Welfare 10:223–247

Forsythe R, Rietz TA, Myerson RB, Weber RJ (1996) An experimental study of voting rules and polls in three-candidate elections. International Journal of Game Theory 25:355–383

Hoffman DT (1982) A model for strategic voting. SIAM Journal on Applied Mathematics 42(4):751–761

Kselman D, Niou E (2010) Strategic voting in plurality elections. Political Analysis 18:227–244

McKelvey RD, Ordeshook PC (1972) A general theory of the calculus of voting. In: Herndon J, Bernd J (eds) Mathematical Applications in Political Science, University Press of Virginia, pp 32–78

Meirowitz A, Shotts KW (2009) Pivots versus signals in elections. Journal of Economic Theory 144:744–771

Myatt DP (2007) On the theory of strategic voting. Review of Economic Studies 74(1):255–281

Myatt DP (2013) A theory of protest voting Working Paper, London Business School

Myerson RB, Weber RJ (1993) A theory of voting equilibria. American Political Science Review 87:102–114

Palfrey TR (1989) A mathematical proof of Duverger's law. In: Ordeshook PC (ed) Models of Strategic Choice in Politics, University of Michigan Press, Ann Arbor, pp 69–91

Rietz TA, Myerson RB, Weber RJ (1998) Campaign finance levels as coordinating signals in three-way experimental elections. Economics and Politics 10:185–217

Riker WH, Ordeshook PC (1968) A theory of the calculus of voting. American Political Science Review 62:25–42

Evidenz für strategisches Wählen mit der Erststimme

In diesem Kapitel wird untersucht, ob deutsche Wähler auf strategische Anreize im Wahlkreis reagieren. Gibt es Anzeichen für strategisches Wählen mit der Erststimme? Eine Antwort auf diese Frage trägt nicht nur zu einem besseren Verständnis des Wahlverhaltens mit der Erststimme bei, sondern zeigt auch Potenziale für Parteien und Kandidaten auf, Wahlen zu ihren Gunsten zu entscheiden.

Viele Beobachter der deutschen Politik, wie auch die meisten Wähler, gingen in der Vergangenheit davon aus, dass die Zweitstimme die eigentlich entscheidende Stimme für den Ausgang der Wahl ist. Das Wahlgesetz schreibt vor, dass Wahlkreiskandidaten lediglich die Mandate ausfüllen, die ihrer Partei nach der Zweitstimme anteilig zustehen. Folglich könnte man argumentieren, dass Wähler sich nicht darum kümmern sollten, wer ihren Wahlkreis gewinnt, da dies keinen Einfluss auf die Sitzverteilung hat. Dessen ungeachtet gibt es doch mindestens zwei Gründe, warum der Wahlausgang im Wahlkreis für Wähler relevant sein sollte.

Erstens garantiert das Wahlrecht jedem erfolgreichen Wahlkreiskandidaten ein Mandat, auch wenn dadurch der Sitzanteil überstiegen würde, der seiner Partei nach ihrer Zweitstimmenzahl zusteht. Diese so genannten Überhangmandate galten lange als Ausnahme, jedoch hat ihr Auftreten nach der Wiedervereinigung zugenommen (vgl. Kap. 5). Mit der Wahlrechtsreform vom 21. Februar 2013 wurde die Möglichkeit, durch Überhangmandate einen Sitzüberschuss zu erzielen, zwar beseitigt, dennoch konnten Überhangmandate bis zu diesem Zeitpunkt entscheidend zur Bildung von Regierungsmehrheiten sein. Ob strategisches Wählen zu Überhangmandaten geführt hat, wird im nächsten Kapitel ausführlich analysiert.

© Springer Fachmedien Wiesbaden 2015
M. Herrmann, *Strategisches Wählen in Deutschland*,
DOI 10.1007/978-3-658-09051-7_4

Zweitens erscheint es naheliegend davon auszugehen, dass es Wählern nicht egal ist, welche Partei den Wahlkreis gewinnt. In Anbetracht der Tatsache, dass Wähler die Bewerber um ein Direktmandat in ihrem Wahlkreis vor allem auf der Grundlage ihrer Parteizugehörigkeit bewerten, sollte es ihnen nicht gleichgültig sein, ob sie durch einen Bewerber der einen oder der anderen Partei im Bundestag vertreten werden. Für einen Wähler, dessen bevorzugte Partei keine Aussicht hat, den Wahlkreis zu gewinnen, würde es sich also lohnen, den Kandidaten einer weniger bevorzugten Partei zu wählen, um den Sieg des Kandidaten einer gänzlich ungeliebten Partei zu verhindern.

Es gibt also Gründe, sich um den Ausgang der Wahl im Wahlkreis Gedanken zu machen und strategisch zu wählen. Das Ausmaß, in dem deutsche Wähler von einer strategischen Stimmabgabe Gebrauch machen, ist letztlich eine empirische Frage, und als solche soll sie hier behandelt werden.

Im Folgenden wird strategisches Wählen auf der Basis von Umfragedaten untersucht. Die Darstellung folgt Herrmann und Pappi (2008). Umfragedaten ermöglichen einen direkten Test der Theorie strategischen Wählens und liefern prädiktive Schätzungen des Umfangs, in dem Wähler von der Möglichkeit der strategischen Erststimme Gebrauch machen. Bisherige Untersuchungen greifen auf die Annahme zurück, dass CDU und SPD generell als aussichtsreich, FDP, Grüne und PDS/Linke dagegen als aussichtslos eingestuft werden können (Fisher 1973; Jesse 1988; Cox 1997; Bawn 1999; Schoen 1999; Gschwend et al. 2003). Diese Unterscheidung mag lange Zeit die strategische Situation in Westdeutschland zutreffend beschrieben haben. Wie wir sehen werden, geht sie jedoch an der Realität in den neuen Bundesländern vorbei. Die strategische Situation in ostdeutschen Wahlkreisen ist vielfältiger, was bedeutet, dass ostdeutsche Wähler nicht immer vor der Wahl zwischen CDU und SPD stehen. Die Ergebnisse legen nahe, dass Wähler in West- und Ostdeutschland im Einklang mit den Vorhersagen der Theorie aus dem vorangegangenen Kapitel abstimmen.

4.1 Die strategische Situation in deutschen Wahlkreisen 1998–2005

Um zu sehen, wie sich die strategische Situation zwischen ost- und westdeutschen Wahlkreisen unterscheidet, betrachten wir Abb. 4.1 bis 4.3. Jede Abbildung zeigt die Verteilung der Wahlkreisergebnisse bei den drei Bundestagswahlen von 1998 bis 2005 in Simplex-Form. Die Simplex-Darstellung nutzt die Tatsache, dass

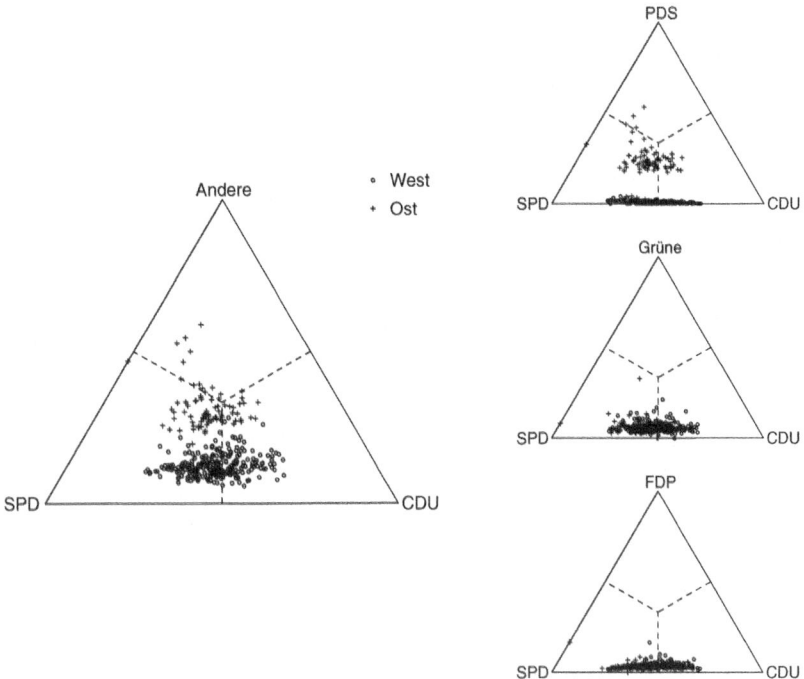

Abb. 4.1 Wahlkreisergebnisse 1998 (*N*=328)

sämtliche Stimmenanteile sich zu eins bzw. 100 % addieren müssen. Eine ansonsten dreidimensionale Darstellung der Stimmenanteile dreier Parteien A, B und C
kann somit auf ein zweidimensionales gleichschenkliges Dreieck reduziert werden, denn alle möglichen Wahlergebnisse liegen letztlich auf einer dreieckigen
Fläche, die durch die Punkte (1,0,0) (0,1,0) und (0,0,1) definiert wird.

Auf der linken Seite jeder Abbildung wird der Stimmenanteil der SPD und
CDU (bzw. CSU für bayerischen Wahlkreise) gegen die den gesamten Stimmenanteil aller anderen Bewerber abgetragen. Die rechte Seite jeder Abbildung zeigt
die Anteile von SPD und CDU gegenüber dem Stimmenanteil von FDP, Grünen oder PDS in jedem Wahlkreis. Das obere rechte Dreieck beispielsweise zeigt
den Stimmenanteil von CDU und SPD gegenüber der PDS – unter Ausschluss
der Stimmen aller anderen Parteien. Die Diagramme auf der rechten Seite geben
also die relativen Stärken der drei Parteien zueinander in jedem Wahlkreis wieder.

Die Interpretation dieser Diagramme ist einfach: Je näher ein Wahlergebnis an einem der drei Eckpunkte liegt, desto größer ist der Stimmenanteil der jeweiligen Partei in diesem Wahlkreis.[1] Betrachten wir zum Beispiel das linke Diagramm in Abb. 4.1. Je näher ein Ergebnis am CDU-Eckpunkt liegt, desto größer ist der Stimmenanteil CDU in diesem Wahlkreis. Ein Ergebnis, bei dem die CDU alle Stimmen gewinnt, würde genau auf dem CDU-Eckpunkt liegen. Grob gesagt: Je weiter wir uns vom CDU-Eckpunkt weg bewegen, desto geringer wird der Stimmenanteil der CDU und desto größer die Anteile von SPD oder anderen Kandidaten.

Die gestrichelten Linien in jedem Diagramm geben die Bereiche an, in denen eine Partei die relative Mehrheit an Stimmen gewinnt. Sie teilen jedes Diagramm in drei ‚drachenförmige' Regionen, die wir als Gewinnregionen bezeichnen. Alle Wahlkreise, die in einen dieser Bereiche fallen, werden von der an dem jeweiligen Eckpunkt angegebenen Partei gewonnen. Ein Wahlkreis, der beispielsweise in den unteren rechten Bereich des linken Diagramms in Abb. 4.1 fällt, wird von der CDU gewonnen. Wenn zwei Parteien gleich viele Stimme erhalten, fällt das jeweilige Ergebnis auf eine der gestrichelten Linien. Jedes mögliche Patt zwischen CDU und SPD zum Beispiel muss auf der gestrichelten Linie, die senkrecht zur Unterkante des Dreiecks verläuft, liegen. An der Kreuzung der drei gestrichelten Linien – dem Schwerpunkt des Dreiecks – erhalten alle drei Parteien genau ein Drittel der Stimmen. Schließlich ist zu beachten, dass die Unterschiede in der Gesamtzahl der Wahlkreise zwischen 1998 und späteren Wahlen auf eine Verringerung der Parlamentssitze und eine damit verbundene Wahlkreisneueinteilung zwischen 1998 und 2002 zurück zu führen ist, in deren Verlauf 29 Wahlkreise aufgelöst wurden.

Eine Inspektion aller drei Abbildungen ergibt, dass ost- und westdeutsche Wahlkreise sich voneinander unterscheiden. Westdeutsche Wahlkreise sind vor allem vom Wettbewerb zwischen CDU und SPD geprägt, wie sich aus den linken Diagrammen jeder Abbildung entnehmen lässt. Andere Parteien spielen hier praktisch keine Rolle, da selbst nach Addition der Stimmen aller anderen Parteien die Wahlergebnisse noch immer deutlich von der Mitte des Dreiecks entfernt liegen. Im Gegensatz dazu zeigen Ostdeutsche Wahlkreise einen wesentlich größeren Stimmenanteil dritter Parteien. Die Wahlergebnisse liegen hier deutlich näher an der Mitte des Dreiecks.[2] Dieses Muster könnte darauf zurückzuführen sein, dass

---

[1] Detaillierte Erklärungen dieser Diagramme und ihrer Anwendung in Bezug auf Mehrparteienwettbewerb finden sich zum Beispiel in Grofman et al. (2004), Gschwend und Leuffen (2005), Katz und King (1999), Miller (1977), und Upton (1994).

[2] In Fürstenwalde-Strausberg-Seelow ist 1998 kein CDU Kandidat angetreten. Das Wahlergebnis 1998 liegt daher auf der Kante des Dreiecks.

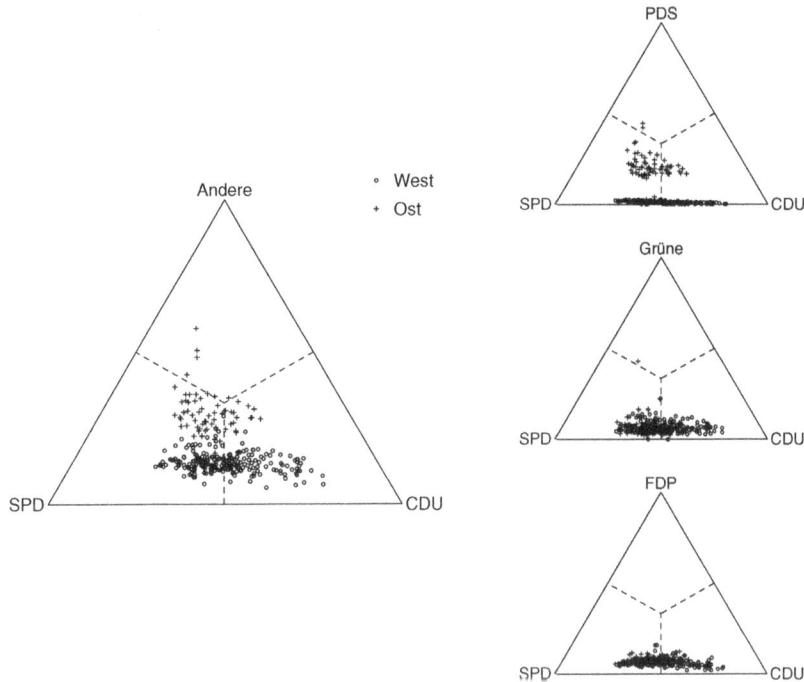

Abb. 4.2 Wahlkreisergebnisse 2002 (*N*=299)

dritte Parteien in Ostdeutschland generell mehr Stimmen erhalten. Es könnte aber auch auf die Stärke einzelner dritter Parteien zurückzuführen sein.

Um dies zu überprüfen, wenden wir uns den rechten Diagrammen zu, die die Verteilung der Ergebnisse für ost- und westdeutsche Wahlkreisen stratifiziert nach den drei kleinen Parteien PDS, Grüne und FDP aufzeigen. Hier sehen wir, dass CDU und SPD nicht an alle kleinen Parteien in Ostdeutschland gleichermaßen Stimmen verlieren, sondern vor allem an die PDS. In jeder der drei Wahlen gewann sie einen wesentlich größeren Anteil der Stimmen als FDP oder Grüne. In manchen Wahlkreisen gewann die PDS sogar das Direktmandat, in anderen schaffte sie es auf den zweiten Platz hinter SPD oder CDU. [3] Daneben gibt es nur

---

[3] Die Wahlkreise, in denen die PDS an zweiter Stelle kommt, sind diejenigen innerhalb der Gewinnregionen von CDU und SPD, die näher an der Pattlinie zwischen SPD und PDS oder CDU und PDS liegen, als an der Pattlinie zwischen CDU und SPD. Generell kann

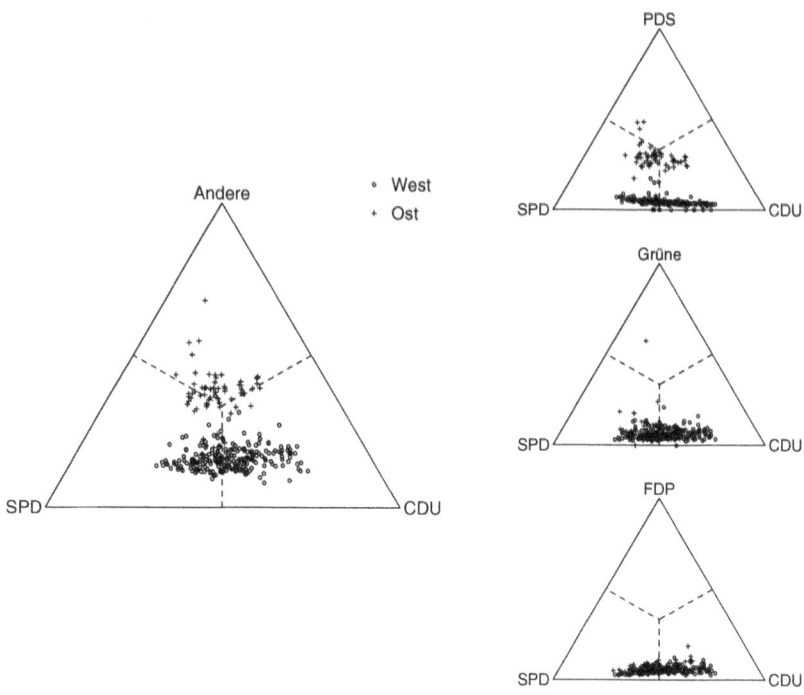

Abb. 4.3 Wahlkreisergebnisse 2005 ($N=299$)

noch den außergewöhnlich starken Grünen-Kandidat, Christian Ströbele, der im Jahr 1998 Zweiter in seinem Wahlkreis (Berlin-Friedrichshain-Kreuzberg) wurde und ihn in den Jahren 2002 und 2005 gewann. Bei einem Vergleich über Zeit scheinen die Ergebnisse im Jahr 2005 etwas näher an einem Dreiparteienpatt zu liegen, als in den Jahren 1998 und 2002.

die Reihenfolge der Stimmenanteile von CDU, SPD und PDS im Wahlkreis abgeleitet werden, indem man jede Gewinnregion in zwei rechtwinklige Dreiecke halbiert. Jedes dieser Dreiecke enthält Wahlergebnisse in denen die Partei, deren Gewinnregion an das Dreieck angrenzt, an zweiter Stelle liegt (vgl. Miller 1977; Grofman et al. 2004). Zum Beispiel liefert eine Halbierung der Gewinnregion der SPD ein oberes Dreieck, das an die Gewinnregion der PDS grenzt und ein unteres Dreieck, das an die Gewinnregion der CDU grenzt. In Wahlen, die in das obere Dreieck fallen, lag die PDS auf dem zweiten Platz hinter der SPD; in Wahlen, die in das untere Dreieck fallen, lag sie auf dem dritten Platz hinter der CDU. Die gleiche Logik gilt für Ergebnisse in anderen Gewinnregionen.

Insgesamt sind Wahlkreise in Ostdeutschland heterogener als in Westdeutschland. In vielen Wahlkreisen liegen SPD und CDU an erster und zweiter Stelle, in anderen übernehmen SPD und PDS die beiden ersten Plätze, und in einigen Wahlkreisen liegen CDU, SPD und PDS alle etwa gleichauf. Weiterhin ist die dritte Partei in ostdeutschen Wahlkreisen niemals so weit abgeschlagen, wie sie es in westdeutschen Wahlkreisen ist, wo SPD und CDU den Löwenanteil der Erststimmen auf sich vereinigen. Die Schlussfolgerung, die wir aus dieser Beobachtung ziehen ist, dass in Ostdeutschland im allgemeinen drei Parteien Aussicht auf ein Direktmandat haben, im Gegensatz zu nur zwei in Westdeutschland. Deshalb ist die klare Trennung zwischen großen und kleinen Parteien, von der die Literatur oft ausgeht, nicht ohne weiteres auch auf ostdeutsche Wahlkreise übertragbar. Diese Tatsache müssen wir bei der nun folgenden Überprüfung des Modells strategischen Wählens berücksichtigen.

4.2 Modell und Hypothesen

In diesem Abschnitt wird die empirische Umsetzung des Modells strategischen Erststimmenwählens aus Kap. 3 erläutert. Die Analyse basiert auf der Annahme, dass Wähler Kandidaten auf der Basis ihrer Parteizugehörigkeit bewerten.[4] Intuitiv wird davon ausgegangen, dass es Wahlern nicht egal ist, ob ihr Wahlkreis durch einen Kandidaten der einen oder anderen Partei (z. B. CDU oder SPD) vertreten wird. Sofern der Wähler einen groben Überblick über die Stärke der einzelnen Parteien in seinem Wahlkreis besitzt, kann er daraus ableiten, wie wahrscheinlich ein Sieg bzw. ein Patt jedes Kandidaten sein wird. Natürlich spielen für die Wahlentscheidung mit der Erststimme auch Eigenschaften der Kandidaten eine Rolle, wie zum Beispiel Bekanntheit, Amtsinhaberschaft, Doktortitel oder Beruf (vgl. z. B. Mechtel 2012). Die Parteizugehörigkeit ist dennoch das mit Abstand wichtigste Kriterium für die Bewertung von Kandidaten. Im Idealfall würde man alle diese Faktoren in einer empirischen Analyse kontrollieren, aber das war mit den zur Verfügung stehenden Daten nicht machbar. Angesichts dieser Beschränkungen müssen die folgenden Ergebnisse vor dem Hintergrund potentieller Störfaktoren interpretiert werden (siehe Abschn. 4.5). Kapitel 5 zeigt, dass Evidenz für strategisches

---

[4] Sämtliche frühere Studien fußen ebenfalls auf der Annahme, dass Wähler Kandidaten aufgrund ihrer Parteizugehörigkeit unterscheiden.

Wählen auch dann noch vorliegt, wenn wir berücksichtigen, dass der amtierende Direktkandidat aufgrund seiner Popularität mehr Stimmen erhält.

Zur Überprüfung strategischen Erststimmenwählens wird auf das entscheidungstheoretische Kalkül strategischen Wählens in Mehrparteienwahlen zurückgegriffen (McKelvey und Ordeshook 1972; Palfrey 1989; Myerson und Weber 1993; Cox 1994; Myatt 2007). Ziel ist eine direkte Übersetzung des Kalküls in messbare Größen (vgl. Black 1978; Cain 1978; Ordeshook und Zeng 1997; Fisher 2004). Eine solches eng an der Theorie angelehntes Vorgehen erlaubt es einerseits das ganze Ausmaß strategischen Wählens in ost- und westdeutschen Wahlkreisen gleichermaßen abzudecken. Andererseits sollte es eine effizientere und zuverlässigere Schätzung strategischen Wählens liefern (vgl. Alvarez und Nagler 2000, S. 63–64), als Ansätze, die mit weniger präzisen Operationalisierungen arbeiten.

Beginnen wir mit dem prospektiven Rating der einzelnen Parteien aus Ungleichung (3.3). Einfach ausgedrückt, beschreibt diese Gleichung eine Reihe von paarweise Vergleichen zwischen Partei i und jeder anderen Partei j, wobei p_{ij} die Wahrscheinlichkeit bezeichnet, dass die eigene Stimme entscheidend ist für die Änderung des Wahlgewinners von j zu i und $u_i - u_j$ den Gewinn/Verlust des Wählers in dieser Situation bezeichnet. Wenn wir die Bewerber entsprechend ihres Rangs in der Präferenzordnung des Wählers nummerieren, dann bezeichnet G_1 den voraussichtlichen Gewinn einer der Stimmabgabe für die am meisten bevorzugten Partei, G_2 den erwarteten Nutzen einer Wahl der zweitpräferierten Partei und so weiter. Der Wähler entscheidet sich dann für die Partei i, deren Wahl den größten erwarteten Gewinn bringt.

In der folgenden Analyse konzentrieren wir uns auf die Wahl von Partei 1, was als ehrliches Wählen bezeichnet werden soll, und die Wahl von Partei 2, was als potentiell strategisches Wählen angesehen werden soll. Die Möglichkeit, für eine Partei auf Rangplatz drei oder vier zu stimmen, wird damit a priori ausgeschlossen. Dieser Ausschluss erfolgt aus einem praktischen Grund. Theoretisch ließe sich das Entscheidungskalkül hinsichtlich aller Alternativen im Rahmen eines multinomialen statistischen Modells testen. Praktisch geben aber nur sehr wenige Befragte an, eine dritt- oder viertpräferierte Partei zu wählen. Durch den Einsatz eines multinomialen Modells würden wir daher kaum aussagekräftige Ergebnisse bezüglich der Wahl dritt- und viertpräferierter Parteien gewinnen.

Durch die Beschränkung auf erste und zweite Präferenz wird davon ausgegangen, dass ein Wähler sich einer binären Entscheidung gegenüber sieht und ehrlich wählt, wenn der erwartete Nutzen der Wahl von Partei 1 über dem erwarteten Nutzen der Wahl von Partei 2 liegt. Das heißt, der Wähler wählt ehrlich, sofern $G_1 - G_2 > 0$ und strategisch, sofern $G_1 - G_2 < 0$, mit

$$G_1 - G_2 = \sum_{j \neq 1} p_{1j} B_{1j} - \sum_{j \neq 2} p_{2j} B_{2j}, \qquad (4.1)$$

wobei, der Einfachheit halber, sämtliche Nutzendifferenzen abgekürzt werden als $B_{1j} = u_1 - u_j$ und $B_{2j} = u_2 - u_j$. B_{2j} steht dabei allgemein für den Nutzengewinn, den der Wähler daraus zieht, dass er mit seiner Stimme Partei 2 gegenüber Partei $j < 2$ (d.h. seiner dritt-, viert- oder letztpräferierten Partei) zum Sieg verhilft. Analog bezeichnet p_{2j} die Wahrscheinlichkeit eines Patts zwischen Partei 2 und Partei $j < 2$. Wie man sehen kann, sollte mit steigendem p_{1j} und B_{1j} ehrliches Wählen wahrscheinlicher werden, während mit steigendem p_{2j} und B_{2j} der Anreiz steigt, strategisch für die zweitpräferierte Partei zu stimmen.

Zur Veranschaulichung stelle man sich einen Anhänger der Grünen in Westdeutschland vor, dessen dritt- und letztpräferierte Parteien (FDP und PDS) im Wahlkreis keine Chance auf den Sieg haben. Die beiden Parteien, die in seiner Präferenzordnung auf Rang zwei und vier kommen (SPD und CDU), liegen im Wahlkreis etwa gleichauf. In dieser Situation ist p_{24} groß, verglichen mit den anderen Pattwahrscheinlichkeiten p_{12}, p_{13}, p_{14}, p_{15}, p_{23} und p_{25}. Um den Wahlausgang bestmöglich zu beeinflussen, erscheint es günstig die zweitpräferierte SPD zu wählen, um den Sieg der CDU zu verhindern. Man beachte, dass diese Tendenz verstärkt oder vermindert wird, je größer oder kleiner B_{24} ausfällt, d. h. je mehr oder weniger der Wähler einen Sieg der SPD einem Sieg der CDU vorzieht. Auch wird der Anreiz gegen die Grünen zu stimmen von B_{12} moderiert, d. h. je mehr der Wähler einen Sieg der Grünen einem Sieg der SPD vorzieht, desto eher wird er ehrlich wählen.

Wie wir im vorigen Abschnitt gesehen haben, ist das eben beschriebene Szenario typisch für die Situation von Grünen-Anhängern in westdeutschen Wahlkreisen (ebenso wie für Anhänger von FDP und PDS). Die Tatsache, dass die Gewinnchancen der einzelnen Parteien in Ost- und Westdeutschland einem Muster folgen, erlaubt es die obige Entscheidungsregel durch Ausschluss von Situationen, die Wähler kaum in ihrem Wahlkreis vorfinden, zu vereinfachen. Zum Beispiel sollte ein westdeutscher Anhänger der CDU keinen Grund haben, über Pattsituationen nachzudenken, in denen seine bevorzugte Partei mit irgendeiner anderen Partei als der SPD gleichauf liegt. Alle anderen Parteien sind für den Wahlausgang marginal. Auch die Wahrscheinlichkeit, dass die eigene Stimme das Rennen um den ersten Platz zwischen der Zweitpräferenz und einer weniger bevorzugten Partei entscheidet, ist unerheblich, weil die CDU in westdeutschen Wahlkreisen immer aussichtsreich ist.

Auf der anderen Seite sollten Anhänger der FDP, Grünen oder PDS in Westdeutschland stets das Rennen zwischen CDU und SPD im Blick haben, sofern eine dieser beiden Parteien ihre Zweitpräferenz ist. Da sie nicht davon ausgehen können, dass ihre Partei Chancen hat, mit CDU oder SPD gleichzuziehen, müssen sie sich nur die Frage stellen, wie wahrscheinlich es ist, dass ihre Stimme

Tab. 4.1 Wählertypen in Westdeutschland

Typ	Präferenzordnung (1, 2, ...k...)	$G_1 - G_2$
1	Aussichtsreich≻aussichtsreich≻...	$2p_{12}B_{12}$
2	Aussichtsreich≻aussichtslos≻...≻aussichtsreich≻...	$p_{1k}B_{1k}$
3	Aussichtslos≻aussichtsreich≻...≻aussichtsreich≻...	$-p_{2k}B_{2k}$

Aussichtsreiche Parteien: {CDU, SPD}
Aussichtslose Parteien: {FDP, Grüne, PDS}
„..." steht für eine oder mehr aussichtslose Parteien.

die Wahl zwischen CDU und SPD entscheiden könnte. Für die Entscheidung zwischen ehrlichem und strategischem Wählen ist für einen westdeutschen Wähler daher jede andere Pattsituation als die zwischen CDU und SPD (z. B. CDU vs. FDP, SPD vs. PDS und FDP vs. Grüne) praktisch irrelevant, da die Wahrscheinlichkeiten dieser Situationen verschwindend sind, gegenüber der Wahrscheinlichkeit eines Patts zwischen CDU und SPD.

Wir können diese Eigenschaft westdeutscher Wahlkreise in das Entscheidungskalkül in Gl. (4.1) aufnehmen, indem wir für alle Vergleiche, die FDP, Grüne oder PDS beinhalten $p_{1j} = 0$ und $p_{2j} = 0$ setzen. Auf diese Weise spielt für die Entscheidung zu strategischem Wählen theoretisch nur der Vergleich von CDU und SPD eine Rolle. Je nach Präferenzordnung des Wählers führt dies zu drei unterschiedlichen Typen (oder Klassen) von Wählern, die in Tab. 4.1 aufgelistet werden.[5]

Zur Veranschaulichung dieser Vereinfachung des Entscheidungskalküls betrachten wir einen Wähler vom Typ 1. Seine Präferenzordnung beginnt entweder mit CDU auf eins und SPD auf zwei oder umgekehrt. Andere (aussichtslose) Parteien folgen. Der erwartete Gewinn aus der Wahl seiner bevorzugten Partei reduziert sich zu $G_1 = p_{12}B_{12}$, dem Gewinn, den er aus einer Pattsituation ziehen würde, in der seine Stimme den Ausschlag zugunsten der CDU gäbe. Alle anderen Summanden fallen aufgrund ihrer Nullwahrscheinlichkeit aus der Gleichung heraus. Auf eine ähnliche Art und Weise reduziert sich der erwartete Gewinn aus einer Wahl der Zweitpräferenz zu $G_2 = p_{21}B_{21}$, dem Verlust aus einer Pattsituation, in der der Wähler seiner zweitpräferierten Partei, anstelle der bevorzugten Partei, zum Sieg verhilft. Für Typ 1 reduziert sich $G_1 - G_2$ daher zu $p_{12}B_{12} -$

---

[5] Man beachte, dass ein Wähler mindestens eine aussichtsreiche Partei auf dem ersten oder zweiten Präferenzrang einstufen muss. Wähler mit einer Erst- oder Zweitpräferenz für eine aussichtslose kleine Partei sind, aufgrund der geringen Pattwahrscheinlichkeit zwischen diesen beiden Alternativen, ausgeschlossen.

Tab. 4.2 Wählertypen in Ostdeutschland

Typ	Präferenzordnung (1, 2, ...k...)	$G_1 - G_2$
1	Aussichtsreich≻aussichtsreich≻...≻aussichtslos	$2p_{12}B_{12}$
2	Aussichtsreich≻aussichtslos≻...≻aussichtsreich≻...	$p_{1k}B_{1k}$
3	Aussichtslos≻aussichtsreich≻...≻aussichtsreich≻...	$-p_{2k}B_{2k}$
4	Aussichtsreich≻aussichtsreich≻...≻aussichtsreich≻...	$2p_{12}B_{12} + p_{1k}B_{1k} - p_{2k}B_{2k}$

Aussichtsreiche Parteien: {CDU, SPD, PDS}
Aussichtslose Parteien: {CDU, SPD, PDS, FDP, Grüne}
„≻...≻" steht für eine oder mehr aussichtslose Parteien.
„≻..." steht für eine oder mehr aussichtsreiche oder aussichtslose Parteien

$p_{21}B_{21}$, was weiter vereinfacht werden kann zu $2p_{12}B_{12}$, da $B_{12} = -B_{21}$ und $p_{12} = p_{21}$. Die zweite Bedingung folgt dabei aus der Tatsache, dass es sich bei p_{12} und p_{21} um dieselbe zugrunde liegende Situation handelt: ein Patt zwischen Partei 1 und Partei 2 (McKelvey und Ordeshook 1972; Myerson und Weber 1993).

Für Wähler vom Typ 2 resultiert die Einführung der Nullwahrscheinlichkeiten in $G_2 = 0$ und $G_1 = p_{1k}B_{1k}$, wobei $k < 2$ für den Präferenzrang der anderen aussichtsreichen Partei im Wahlkreis steht (d. h. den dritten, vierten oder fünften Rang). Eine ähnliche, wenn auch umgekehrte Logik gilt für Wähler vom Typ 3. Wie sich aus Tab. 4.1 ergibt, ist die Differenz der erwarteten Gewinne $G_1 - G_1$ nur negativ für Typ-3-Wähler, die eine aussichtslose Partei (FDP, PDS oder Grüne) auf dem ersten Präferenzrang und eine aussichtsreiche Partei (CDU oder SPD) auf dem zweiten Rang haben. Daher wird nur dieser Typ einen Anreiz haben, strategisch zu wählen. Alle anderen Typen haben eine aussichtsreiche Partei auf dem ersten Präferenzrang und sollten ehrlich wählen.

In ostdeutschen Wahlkreisen, gibt es drei aussichtsreiche Parteien – neben CDU und SPD zählt hierzu auch die PDS (vgl. Abschn. 4.1). Wie in Westdeutschland können FDP und Grüne als aussichtslos angesehen werden. Daher setzen wir $p_{1j} = 0$ und $p_{2j} = 0$ für jede Pattsituation, die FDP oder Grüne beinhaltet. Je nach Präferenzordnung des Wählers lassen sich vier verschiedenen Typen unterscheiden, die in Tab. 4.2 aufgeführt sind.

Wie man sieht, sind die ersten drei Typen von Wählern dieselben wie in Westdeutschland. Aufgrund der drei aussichtsreichen Parteien können wir nun einen vierten Typ unterscheiden. Dieser Wähler besitzt zwei aussichtsreiche Parteien auf dem ersten und zweiten Präferenzrang und eine dritte aussichtsreiche Partei auf einem niedrigeren Präferenzrang. Für diese Wähler beinhaltet das strategische Kalkül die Erwägung eines Patts zwischen der am meisten bevorzugten Partei mit jeder der beiden anderen, sowie die Erwägung eines Patts zwischen der Partei auf Rang zwei und der am wenigsten bevorzugten aussichtsreichen Partei. Im Gegensatz zu den Wählern vom Typ 1 bis 3 hat Typ 4 also sowohl einen Anreiz ehrlich zu wählen, als auch strategisch zu wählen.

Um ein Beispiel zu geben, betrachten wir einen PDS-Anhänger mit Zweitpräferenz SPD, gefolgt von den Grünen, der CDU auf dem vierten und der FDP auf dem fünften Rang. Der Wähler befindet sich in einem Wahlkreis, in dem die PDS an zweiter Stelle hinter der SPD liegt, mit CDU auf drei. Seine Entscheidung liegt effektiv zwischen PDS, SPD und CDU; Grüne und FDP sind für den Ausgang der Wahl nicht relevant. Beim Vergleich der Handlungsalternativen für die PDS oder die SPD zu stimmen, ergibt sich, dass der erwartete Gewinn einer ehrlichen Stimme größer ist als der einer strategischen Stimme, denn die Chancen eines Patts zwischen PDS und SPD (p_{12}) sind höher als die Chancen eines Patts zwischen PDS und CDU (p_{1k}) oder zwischen SPD und CDU (p_{2k}). Der Anreiz ehrlich zu wählen, sollte darüber hinaus steigen, je mehr der Wähler einen Sieg der PDS gegenüber einem Sieg der SPD vorzieht, d. h. je größer B_{12} ist.

Stellen wir uns nun den gleichen Wähler in einem Wahlkreis vor, in dem die PDS an dritter Stelle hinter der zweitplatzierten SPD liegt mit der CDU in Front. Die Wahrscheinlichkeit, dass die eigene Stimme der PDS zu einem Sieg über SPD oder CDU verhilft, ist nun gering im Vergleich zur Wahrscheinlichkeit, der zweitpräferierten SPD zum Sieg über die drittpräferierte CDU zu verhelfen. Je näher diese beiden Parteien zusammen liegen, d. h. je höher p_{2k} ist und je mehr der Wähler einen Sieg der SPD gegenüber einem Sieg der CDU bevorzugt, d. h. je höher B_{2k} ist, desto eher sollte der Wähler geneigt sein, gegen seine bevorzugte Partei und zugunsten seiner Zweitpräferenz SPD zu stimmen. Für Typ 4 lässt sich die Möglichkeit strategischen Wählens also a priori nicht ausschließen. Der Anreiz strategisch zu wählen, sollte empirisch mit $p_{2k}B_{2k}$ steigen, während der Anreiz ehrlich zu wählen mit $p_{12}B_{12}$ und $p_{1k}B_{1k}$ steigen sollte.

Im nächsten Schritt fügen wir die Nutzendifferenzen aus Tab. 4.1 und 4.2 zusammen und formulieren ein statistisches Modell strategischen Wählens mit der Erststimme. Definieren wir die abhängige Variable als $Y = 1$, wenn ein Wähler angibt für seine Erstpräferenz zu stimmen und $Y = 0$, wenn er angibt für seine Zweitpräferenz zu stimmen. Die Wahrscheinlichkeit einer ehrlichen gegenüber einer strategischen Stimmabgabe lässt sich dann mit einem Probit Modell wie folgt ausdrücken:[6]

$$\Pr(Y = 1) = \Phi(\alpha + \beta_1 P_{12}B_{12} + \beta_2 P_{1k}B_{1k} + \beta_3 P_{2k}B_{2k} + \gamma_t \mathrm{TYP}_t), \quad (4.2)$$

wobei α eine Konstante bezeichnet, die die Wirkung anderer nicht gemessener Faktoren erfasst, die dazu führen könnten, dass ein Wähler für seine Erst- oder Zweitpräferenz stimmt und TYP_t einen (Zeilen-)Vektor von t Dummy-Variablen

---

[6] Der Faktor 2 aus $2p_{12}B_{12}$ ist irrelevant für die Schätzung von β_1 und fehlt somit in Gl. (4.2).

mit entsprechenden Koeffizienten γ_t bezeichnet. Jede Dummy-Variable nimmt den Wert 1 an, wenn der Wähler vom Typ t ist (z. B. Typ 3), sonst null. Wenn zum Beispiel $t = 2$, dann bedeutet das, dass die Variablen $P_{12}B_{12}$ und $P_{2k}B_{2k}$ gleich null sind. Die Koeffizienten γ_t bilden Unterschiede im durchschnittlichen Ausmaß ehrlichen Wählens zwischen den einzelnen Typen von Wählern ab. Unsere Erwartungen bezüglich dieser Unterschiede sind wie folgt:

1. Für Typ 2 sollten der Koeffizient (d. h. die größte Wahrscheinlichkeit ehrlich zu wählen) am größten ausfallen, da sie die Chance besitzen, den Ausgang zwischen ihrer bevorzugten und einer sehr viel weniger bevorzugte Alternative zu entscheiden.
2. Für Typ 1 sollte der Koeffizient kleiner als bei Typ 2 ausfallen, denn sie können nur entscheidend sein zwischen ihrer bevorzugten und der zweitpräferierten Alternative.
3. Für Typ 4 sollte der Koeffizient wiederum geringer ausfallen als für Typ 1, da diese Wähler sowohl Anreize zum ehrlichen als auch zum strategischen Wählen besitzen.
4. Für Typ 3 sollte der Koeffizient am niedrigsten ausfallen, da Wähler keinen Anreiz besitzen ehrlich zu wählen.

Da diese Unterschiede theoretisch durch das individuelle Entscheidungskalkül (d. h. die individuellen Nutzendifferenzen und die Pattwahrscheinlichkeiten im Wahlkreis) erklärt werden, würden wir erwarten, dass sie verschwinden, sobald wir die PB-Variablen in das Modell aufnehmen. Konkret impliziert das Kalkül strategischen Erststimmenwählens:

5. Der Koeffizient für $P_{2k}B_{2k}$ sollte negativ ausfallen.
6. Die Koeffizienten für $P_{12}B_{12}$ und $P_{1k}B_{1k}$ sollten positiv sein.

Es sei angemerkt, dass Gl. (4.2) keine Haupteffekte der Variablen P_{1k} und B_{ik} vorsieht. Es ist gängige Praxis bei einem Test multiplikativer Zusammenhänge, Haupteffekte in das Modell aufzunehmen. Damit ist gewährleistet, dass eine Variable einen Einfluss auf das Ergebnis haben kann, wenn die andere Variable den Wert null annimmt. Wie wir im nächsten Abschnitt sehen, werden P und B so operationalisiert, dass ein Variablenwert von Null auch tatsächlich einem Wert von Null entspricht – und daher auch keine Wirkung der anderen Variable impliziert (siehe Abschn. 4.3). Insofern ist es gerechtfertigt, die Interaktionsterme PB ohne Haupteffekte in das Modell aufzunehmen (vgl. auch Ordeshook und Zeng 1997, S. 173).[7]

---

[7] Likelihood Ratio Tests bestätigen darüber hinaus, dass die Aufnahme von Haupteffekten nicht zur Modellgüte beiträgt. Ein Vergleich auf der Grundlage des Bayes'schen Informati-

Insgesamt erfasst das empirischen Modell die gängige Sichtweise in der Literatur, wonach westdeutsche Anhänger der CDU oder SPD ehrlich wählen sollten, wohingegen Anhänger von FDP, Grünen und PDS einen Anreiz besitzen, von ihrer ersten Präferenz abzuweichen. Allerdings geht das Modell einen Schritt weiter, indem es auch Situationen zulässt, in denen drei Parteien (CDU, SPD und PDS) auf den Plätzen eins und zwei landen können – eine Situation, die wir typischerweise in Ostdeutschland vorfinden. Weiterhin spielen in dem Modell nicht nur die Erwartungen der Wähler hinsichtlich der wahrscheinlichen Pattsituationen, sondern auch ihre Bewertungen unterschiedlicher Wahlausgänge eine Rolle.

Abschließend könnte man sich fragen, ob die Einführung von Nullwahrscheinlichkeiten überhaupt nötig ist, da Gl. (4.1) auch direkt als ein empirisches Modell verwendet werden könnte. Es gibt zwei Gründe Gl. (4.1) nicht direkt zu verwenden, einen praktischen und einen inhaltlichen. Praktisch würde eine Berücksichtigung aller PB-Terme zu sehr geringen Zellbesetzungen und einer schlechten Schätzung der Effektkoeffizienten von $p_{24}B_{24}$ und $p_{25}B_{25}$ führen. Da längere Präferenzordnungen seltener vorkommen als kürzere, gäbe es weniger Beobachtungen für $p_{24}B_{24}$ als für $p_{23}B_{23}$ und noch weniger Beobachtungen für $p_{25}B_{25}$. Für die Entscheidung strategisch zu wählen könnte jeder dieser Terme der entscheidende sein.

Wie oben dargestellt, hängt die Antwort auf die Frage, welcher Term entscheidend ist, für die meisten Wähler davon ab, an welcher Stelle in ihrer Präferenzordnung CDU und SPD liegen. Liegt die eine Partei auf dem zweiten und die anderen auf dem dritten Rang, sollte $p_{23}B_{23}$ die relevante Komponente sein. Liegt die andere Partei dagegen auf dem fünften Rang, sollte $p_{25}B_{25}$ den Unterschied machen. Alle anderen Erwartungsnutzen sollten klein sein (oder nahe Null). Auch für die Entscheidung ehrlich zu wählen, zählt letztlich nur die Platzierung der aussichtsreichen Parteien in der Präferenzordnung des Wählers. Wenn die CDU auf eins und die SPD auf dem dritten Präferenzrang liegt, sollte $p_{13}B_{13}$ den Unterschied machen; wenn die SPD auf der vierten Präferenzrang liegt, sollte es $p_{14}B_{14}$ sein. Der vorliegende Ansatz besteht darin, alle *relevanten* Terme in den zwei Komponenten $p_{2k}B_{2k}$ und $p_{1k}B_{1k}$ zu ‚poolen', deren Einfluss auf die Wahlentscheidung sich mit zur Verfügung stehenden Daten testen lässt.

Inhaltlich spricht für die gewählte Einteilung, dass sie uns erlaubt mehr über die Bedingungen strategischen Wählens heraus zu finden. Insbesondere erlaubt sie eine Unterscheidung zwischen strategischem Wählen durch Anhänger von aussichtslosen Parteien (Typ 3) sowie durch Anhänger einer von drei potenziell

onskriteriums bestätigt, dass die gewählte Version des Modells gegenüber einem einfachen additiven Modell mit Haupteffekten bevorzugt werden kann.

aussichtsreichen Parteien in ostdeutschen Wahlkreisen (Typ 4). Mit einer direkten Anwendung von Gl. (4.1) wäre dies nicht möglich, da sie Anhänger aller Parteien gleich behandelt. Die Identifikation von vier Typen macht die Analyse nicht nur traktabel sondern auch einfacher zu interpretieren.

4.3 Daten und Messung

Datengrundlage der Analyse sind zwei nationale Vorwahlbefragungen aus den Jahren 1998 (N=1608) und 2002 (N=1632).[8] Die Präferenzordnungen der Wähler wurden aus den Einstufungen der Parteien auf herkömmlichen 11-Punkte Parteis-kalometern ermittelt (Frageformulierung im Anhang B). Für Befragte aus Bayern wurde die Bewertung der CSU anstelle der Bewertung der CDU verwendet.

Auf der Grundlage ihrer Präferenzordnung wurden die Zugehörigkeit der Befragten zu einer der vier oben identifizierten Typen ermittelt. Befragte mit fehlenden Werten bei der Wahlabsicht wurden ausgeschlossen, ebenso Befragte, die weniger als drei gültige Bewertungen abgaben. Von den hiernach verbliebenen Befragten (ca. 72 % in beiden Stichproben) wurden diejenigen ausgeschlossen, die sich nicht eindeutig einem der vier Typen zuordnen lassen. Hierunter fallen zum Beispiel Befragte mit zwei oder mehr Parteien auf dem ersten Rangplatz. Auch Befragte ohne eindeutige Drittpräferenz wurden ausgeschlossen. Hierzu zählen alle, bei denen andere Parteien als die am meisten bevorzugte den zweiten Rangplatz erhalten. Befragte mit einer ersten und zweiten Präferenz für aussichts-lose Parteien wurden ebenfalls ausgeschlossen. Für alle diese Befragten lassen sich keine klaren theoretischen Vorhersagen machen, d. h. wir können keine klaren Hypothesen formulieren, ob sie für ihre erste oder zweite Präferenz stimmen sollten.

Die abhängige Variable wird als eins kodiert, wenn ein Proband angibt, für die Partei zu stimmen, die er am höchsten bewertet und null, wenn er angibt, für eine Partei zu stimmen, die er am zweithöchsten bewertet. Befragte, die angaben, für eine Partei zu stimmen, die in ihrer Präferenzordnung Rang drei oder geringer einnimmt, wurden nicht berücksichtigt. Wie im vorigen Abschnitt beschrieben, beschränkt sich die Analyse aus praktischen Gründen auf die strategische Wahl

---

[8] Beide Umfragen wurden im Rahmen des Projekts „Politische Einstellungen, politische Partizipation und Wählerverhalten im vereinigten Deutschland" unter der Leitung von Jürgen Falter, Oscar Gabriel und Hans Rattinger durchgeführt. Die Datensätze können über das Gesis Datenarchiv bezogen werden; Archiv Nr.: ZA 3066 und ZA 3861.

der zweitpräferierten Alternative. Eine Auszählung der Angaben zur Wahlabsicht ergab, dass in beiden Stichproben nur etwa 3 % der Befragten angab, für eine Partei zu stimmen, die sie auf dem dritten oder einem niedrigeren Rangplatz einstufen. Insgesamt 52 % der Befragten in der Stichprobe von 1998 und 50 % im Jahr 2002 konnten als Wähler vom Typ 1, 2, 3 oder 4 eingestuft werden, die angaben, für ihre bevorzugte (ca. 90 % in beiden Stichproben) oder ihre zweitpräferierte Partei (etwa 10 %) zu stimmen. Diese Wähler bilden die Grundlage der folgenden Analyse.

Die Nutzendifferenzen der Wähler für die einzelnen Parteien werden durch die Differenz der standardisierten Parteibewertungen gemessen. Für jeden Wähler wurde diese wie folgt berechnet: $B_{ij} = (b_i - b_j)/\sigma$, wobei b_i und b_j die gemessenen Skalometerwerte der Parteien i und j bezeichnen und σ die Standardabweichung der Skalometerbewertungen eines Wählers über alle Parteien ist.

Die Standardisierung stellt eine größere Vergleichbarkeit der Werte B_{ij} zwischen Wählern her. Wähler mögen Skalometerwerte beispielsweise unterschiedlich interpretieren. Ein Wähler, der drei Parteien die Werte 3, 5 und 7 auf einer Skala von 1 bis 11 zuweist, mag das gleiche im Sinn haben wie ein Wähler, der denselben Parteien die Werte 8, 9 und 10 zuweist. Allein aufgrund der Skalenwerte würden wir dem ersten Wähler stärkere Nutzendifferenzen zwischen den einzelnen Parteien unterstellen als dem zweiten Wähler. Es ist aber genauso möglich, dass beide Wähler sich nicht in ihren Nutzendifferenzen unterscheiden, sondern lediglich unterschiedliche Auffassungen besitzen, wie sie ihre Bewertungen in das Antwortformat übersetzen. Letztlich gibt es keinen Standard für einen Vergleich von Nutzenunterschieden zwischen Individuen, daher erscheint es sinnvoll, sich auf die Information in den Skalometerbewertungen zu beschränken, die invariant gegenüber einem individuellen Skalierungsfaktor ist. Durch die Standardisierung der Skalometerdifferenzen auf die individuelle Standardabweichung des Wählers wird dies erreicht. Nach der Standardisierung wären die Nutzendifferenzen der beiden oben genannten Wähler gleich 1,225.

Die Messung der Pattwahrscheinlichkeiten folgt Black (1978). Black verwendet die Euklidische Distanz des Wahlkreisergebnisses zu einer Pattsituation als Maß für die Wahrscheinlichkeit einer solchen Situation. Als Beispiel stelle man sich einen ostdeutschen Wahlkreis vor, in dem PDS, SPD und CDU jeweils Anteile von 0,40, 0,36 und 0,24 erhalten und ein Wähler mit Präferenzordnung PDS $\succ$ SPD $\succ$ CDU. Die drei interessierenden Größen sind in diesem Fall die Wahrscheinlichkeit eines Patts zwischen PDS und SPD (d. h. P_{12}), PDS und CDU (d.h. P_{13}) und zwischen SPD und CDU (d. h. P_{23}). Als Maß für die Wahrscheinlichkeit eines Patts zwischen PDS und SPD verwendet Black die Distanz zwischen dem Ergebnis $(0,40; 0,36; 0,24)$ und der nächstgelegenen Pattsituation $(0, 38; 0, 38; 0, 24)$. Die Euklidische Distanz zwischen beiden Ergebnissen ist $[(0, 40 - 0, 38)^2 + (0, 36 - 0, 38)^2 + (0, 24 - 0, 24)^2]^{1/2} = 0, 028$. Teilt man diesen Wert nun durch die maximal mögliche Distanz eines Wahlergebnisses von seiner nächstgelegenen Pattsituation, erhält man ein Maß für die Pattwahrscheinlichkeit, das von null (wenn eine Partei alle Stimmen gewinnt) bis eins (wenn die Wahl in einem Patt endet) reicht. Maße für die Wahrscheinlichkeit der übrigen Pattsituationen können in ähnlicher Weise berechnet werden (für eine genauere Beschreibung dieses Verfahrens, siehe Anhang B oder Black 1978, S. 634 ff.).[9]

4.4 Ergebnisse

Tabelle 4.3 zeigt die Ergebnisse unserer Modellschätzungen für die Wahlen 1998 und 2002. Für jedes Wahljahr zeigt die linke Spalte die Ergebnisse für die reduzierten Modelle, die nur die Dummy-Variablen für die verschiedenen Typen von Wählern beinhalten. Die rechte Spalte zeigt für jedes Wahljahr die Ergebnisse einer Schätzung des gesamten Modells einschließlich der PB-Terme. Im Folgenden werden einseitige Signifikanztests verwendet, da die Richtung der unterstellten Zusammenhänge nicht beliebig ist.

Hypothesen 1 bis 4 bezogen sich auf Unterschiede zwischen den vier Typen von Wählern aus Abschn. 4.2. Dementsprechend sollte Typ 2 die stärkste Tendenz zu ehrlichem Wählen zeigen, gefolgt von Typ 1, Typ 4 und Typ 3. Wie sich aus Tab. 4.3 ergibt, weisen die geschätzten Gruppenunterschiede die vorhergesagte Reihenfolge auf. Wähler vom Typ 2 sind in beiden Wahlen die Bezugsgruppe. Verglichen mit diesen Wählern besitzen Wähler vom Typ 1 eine geringere Wahrscheinlichkeit ehrlich zu wählen, gefolgt von Typ 4 und schließlich Typ 3. Alle Unterschiede, außer für Typ 1 Wähler im Jahr 2002, sind statistisch signifikant. Wie erwartet, zeigt Typ 3 die höchste Bereitschaft strategisch zu wählen, da sie sich in Situationen befinden, in denen die am meisten bevorzugte Partei aussichtslos ist. Der Unterschied zwischen Typ 4 und Typ 1 bleibt insignifikant, auch wenn er in die richtige Richtung zeigt. Im Gegensatz zu Typ 1 kann Typ 4 einen Anreiz besitzen zu wählen. Dieser scheint jedoch nicht zu einer signifikanten Differenz

---

[9] Bei der Berechnung werden die Ergebnisse der aktuellen Wahl zugrunde gelegt (vgl. z. B. Cox 1997; Kim und Fording 2001; Gschwend und Leuffen 2005). Die Annahme ist, dass Wähler in der Lage sind, das Ergebnis in ihrem Wahlkreis zu antizipieren. Eine andere häufig verwendete Möglichkeit besteht darin, die Ergebnisse der vorangegangenen Wahl zu verwenden (vgl. z. B. Alvarez und Nagler 2000).

Tab. 4.3 Ehrliches vs. strategisches Wählen

	1998		2002	
Typ 1[a]	−0.476*	−0.107	−0.242	0.187
	(0.196)	(0.512)	(0.172)	(0.344)
Typ 3[a]	−2.037*	−0.789	−1.335*	−0.166
	(0.196)	(0.507)	(0.160)	(0.407)
Typ 4[a]	−0.671*	−0.825*	−0.651*	−0.093
	(0.203)	(0.433)	(0.173)	(0.419)
$P_{12}B_{12}$		0.601		0.050
		(0.367)		(0.161)
$P_{1k}B_{1k}$		0.534*		0.314*
		(0.229)		(0.175)
$P_{2k}B_{2k}$		−0.369*		−0.623*
		(0.203)		(0.197)
α	2.024*	1.190*	1.668*	1.199*
	(0.146)	(0.366)	(0.105)	(0.274)
LL_0	−269.872	−269.872	−293.927	−293.927
LL_1	−201.834	−194.894	−255.807	−248.974
N	852		836	

Einträge sind Probit Regressionskoeffizienten
Standardfehler in Klammern
*$p < 0.05$ einseitig
[a]Koeffizienten für Wähler vom Typ 2 fixiert auf null;
Wählertypen wie in Tab. 4.1 und 4.2 angegeben

im Wahlverhalten der beiden Gruppen zu führen. Allerdings führt sie zu einem signifikanten Unterschied zu Wählern vom Typ 2, die den größten Anreiz zu ehrlichem Wählen haben. Insgesamt steht keiner der Koeffizienten im Widerspruch zu den theoretischen Erwartungen und die meisten beobachteten Unterschiede sind statistisch signifikant.

Bezüglich Hypothesen 5 und 6 wurde in Abschn. 4.2 die Erwartung formuliert, dass die beobachteten Unterschiede zwischen Typen von Wählern verschwinden sollten, wenn die Nutzendifferenzen und die Pattwahrscheinlichkeiten ins Modell aufgenommen werden. Auf der Basis des theoretischen Modells erwarten wir einen positiven Effekt der Variablen $P_{12}B_{12}$ und $P_{1k}B_{1k}$ und einen negativen Effekt der Variablen $P_{2k}B_{2k}$. Wie sich aus Tab. 4.3 ergibt, schrumpfen die Koeffizienten aller Gruppen – mit Ausnahme von Typ 4 im Jahr 1998 – deutlich zu null hin, wenn die PB-Variablen eingeführt werden. Die Effektkoeffizienten der PB-Variablen zeigen dagegen alle das korrekte Vorzeichen und die meisten von ihnen sind statistisch signifikant. Die Koeffizienten von $P_{12}B_{12}$ sind nicht signifikant, was darauf hindeutet, dass Wähler mit zwei aussichtsreichen Parteien auf dem ersten und zweiten Präferenzrang nicht so oft ihre präferierte Partei wählen, wie erwartet. Liegt dagegen die andere aussichtsreiche Partei auf einem hinteren Präferenzrang, so zeigt sich ein deutlicher Effekt von $P_{1k}B_{1k}$ auf die Wahrscheinlichkeit ehrlich zu wählen.

Entscheidend für die Erklärung strategischen Wählens ist der Term $P_{2k}B_{2k}$. Wenn Wähler ihre zweitpräferierte Partei aus strategischen Gründen wählen, sollte diese Variable einen negativen Effekt aufweisen. Wie man sieht, sind die Koeffizienten von $P_{2k}B_{2k}$ negativ und signifikant für beide Wahljahre, was darauf hindeutet, dass die Chance, den Wahlausgang zwischen der zweitpräferierten und der anderen aussichtsreichen Partei im Wahlkreis zu beeinflussen, gepaart mit einer starken Bevorzugung der zweitpräferierten gegenüber der anderen aussichtsreichen Partei, einen Anreiz kreiert, auf den Wähler tatsächlich reagieren. In der Summe belegen die dargestellten Ergebnisse, dass deutsche Wähler strategisch mit der Erststimme wählen, im Einklang mit ihren Präferenzen und der jeweiligen Wahlkreissituation. Je mehr Wähler ihre zweitpräferierte Partei einer anderen Partei vorziehen und je knapper das Rennen zwischen den beiden im Wahlkreis, desto größer ist die Wahrscheinlichkeit, dass sie strategisch wählen.

Abbildung 4.4 stellt diese Beziehung grafisch dar, auf der Basis der geschätzten Zusammenhänge. Die vertikale Achse zeigt die vorhergesagte Wahrscheinlichkeit ehrlichen Wählens, die horizontale Achse gibt das Maß für die Wahrscheinlichkeit eines Patt zwischen der zweitpräferierten und einer weniger präferierten Partei an (P_{2k}). Die Zusammenhänge sind jeweils für zwei Wähler mit unterschiedlich starken Nutzendifferenzen (B_{2k}) abgetragen.

Die beiden oberen Schaubilder geben den Zusammenhang für Wähler vom Typ 3 wieder. Dieser Typ präferiert eine aussichtslose Partei und besitzt eine Zweitpräferenz für eine aussichtsreiche Partei. Per Konstruktion fallen hierunter Anhänger von FDP, Grünen und PDS in Westdeutschland und Anhänger von FDP und Grünen in Ostdeutschland. Wie man sieht, wählen diese Wähler mit zunehmender Pattwahrscheinlichkeit strategisch. Dieser Zusammenhang verstärkt sich, je größer ihre Abneigung gegen die weniger bevorzugte aussichtsreiche Partei ist. Man beachte, dass für Wähler vom Typ 3 das auf der horizontalen Achse abgetragene Maß für die Pattwahrscheinlichkeit gleich eins minus der Stimmendifferenz der beiden im Wahlkreis führenden Parteien ist (siehe Anhang B). Die horizontale Achse lässt sich somit direkt als Knappheit des Wahlergebnisses in-

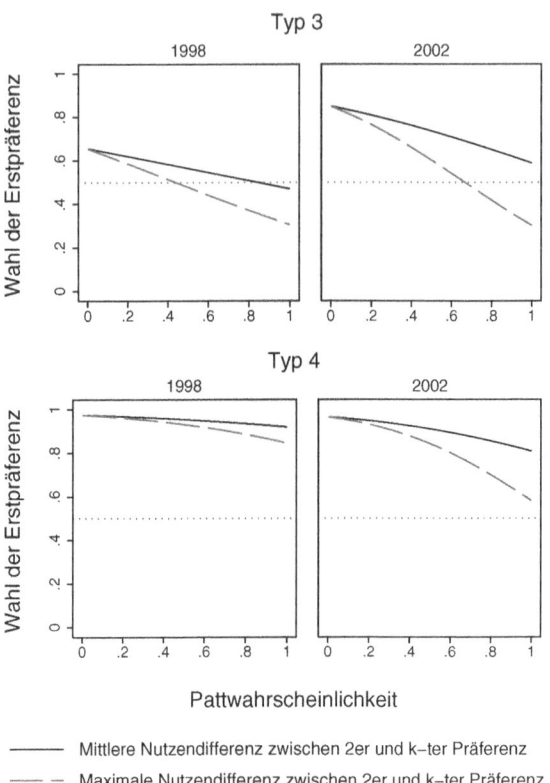

Abb. 4.4 Die Wahrscheinlichkeit einer strategischen Erststimme in Abhängigkeit von der Wahlkreissituation und der Stärke der Präferenz des Wählers

terpretieren, wobei höhere Werte einen geringeren Abstand der beiden führenden Parteien implizieren. Eine mögliche Interpretation des Zusammenhangs in den oberen Schaubildern von Abb. 4.4 ist daher, dass Anhänger von FDP und Grünen (und PDS in Westdeutschland) umso eher strategisch wählen, je knapper der erwartete Wahlausgang ist. Diese Neigung ist umso stärker ausgeprägt, je mehr der Wähler eine der beiden führenden Parteien der anderen vorzieht. Zum Beispiel ist die Wahrscheinlichkeit, dass ein Anhänger der Grünen für seine zweite Präferenz SPD stimmt umso größer, je knapper das Rennen zwischen SPD und CDU und je mehr er die SPD der CDU vorzieht.

Eine ähnliche Interpretation gilt für Wähler vom Typ 4. Diese Gruppe wird ausschließlich von ostdeutschen Wählern gebildet, die CDU, SPD oder PDS auf ihrem ersten und zweiten Präferenzrang haben. Man beachte, dass für diese Gruppe von Wählern Anreize strategisch zu wählen weniger stark sind als für Wähler vom Typ 3. Im Jahr 1998 verläuft die Wahrscheinlichkeitskurve daher fast flach. Außerdem sehen wir eine insgesamt höhere Wahrscheinlichkeit zu ehrlichem Wählen. Dies ist auf die Tatsache zurückzuführen, dass Typ 4 im Gegensatz zu Typ 3 nicht immer einen Anreiz besitzt, strategisch zu wählen. Typ-4-Wähler sollten nur dann von einer Wahl ihrer Erstpräferenz abweichen, wenn sie im Wahlkreis auf dem dritten Platz liegt, d.h. wenn p_{12} und p_{1k} kleiner sind als p_{2k}. Zum Beispiel sollte ein CDU-Anhänger mit Zweitpräferenz SPD nur in einem Wahlkreis strategisch stimmen, in welchem die CDU an dritter Stelle hinter SPD und PDS liegt; genauer gesagt, je weiter die CDU abgeschlagen und je knapper das Rennen zwischen SPD und PDS ist. In Abb. 4.4 sind die Terme $P_{12}B_{12}$ und $P_{1k}B_{1k}$ im Kalkül des Wählers vom Typ 4 auf ihrem Mittelwert fixiert. Die Wahrscheinlichkeit einer strategischen Stimmabgabe könnte daher für manche Wähler größer sein als in der Abbildung dargestellt. Ein Vergleich der beiden Wahljahre zeigt schließlich eine etwas größere Neigung zu strategischem Wählen bei der Bundestagswahl 2002 – ersichtlich aus dem stärkeren Rückgang der Wahrscheinlichkeitskurven.

4.5 Das Ausmaß strategischen Wählens

Angesichts der vorliegenden Ergebnisse stellt sich die Frage, wie gut das Modell die Wahlentscheidung zugunsten der Erst- und Zweitpräferenz vorhersagt. Tabelle 4.4 zeigt die Anzahl der tatsächlichen gegenüber den vorhergesagten Entscheidungen in beiden Wahlen. Die aufgrund des Modells prognostizierten Entscheidungen stimmen in 91 % der Fälle mit den im Jahr 1998 beobachteten Entscheidungen überein. Für das Jahr 2002 sagt das Modell 89 % der beobachteten Entscheidungen korrekt vorher. Diese Vorhersage ist um 9 bzw. 2 % besser als eine Prognose auf Basis der Randverteilung der abhängigen Variable.

Von den vorhergesagten strategischen Wählern wählten 58 und 56 % tatsächlich ihre zweite Präferenz. Die Prognosefähigkeit des Modells hinsichtlich der Wahl der Zweitpräferenz ist damit nicht besonders groß. Das Modell sagt die Wahl der bevorzugten Alternative wesentlich besser vorher: 93 bzw. 90 % der vorhergesagten ehrlichen Wähler stimmten tatsächlich für ihre bevorzugte Partei.

Tab. 4.4 Tatsächliche und vorhergesagte Stimmen

	1998		2002	
	Ehrlich	Strategisch	Ehrlich	Strategisch
Erstpräferenz	749	21	734	8
Zweitpräferenz	53	29	84	10
Gesamt	802	50	818	18

Spalten geben das vorhergesagte Verhalten an, Zeilen das tatsächliche Verhalten, d. h. eine Stimme für die Erstpräferenz oder Zweitpräferenz

Dies deutet auf einen größeren Fehler bei der Messung der Wahl der zweitpräferierten Alternative hin. In der Tat gibt es Beweggründe für eine Wahl der zweitpräferierten Partei, die in unserem Modell nicht berücksichtigt werden. Zum Beispiel können wir nicht ausschließen, dass einige Stimmen an zweitpräferierte Parteien in Wahrheit Stimmen für die Kandidaten dieser Partei waren. Auch kann nicht ausgeschlossen werden, dass selbst Anhänger aussichtsreicher Parteien ihre Erststimme manchmal aus Protest oder aus anderen Gründen ihrer zweitpräferierten Partei geben. Ein geeigneteres Maß für strategisches Wählen würde sicherstellen, dass sämtliche Beweggründe für die Wahl der Zweitpräferenz, mit Ausnahme des Wunsches das Ergebnis der Wahl zu beeinflussen, ausgeschlossen sind (vgl. Fisher 2004; Blais et al. 2005). Die Abfrage solcher Beweggründe für die Wahl der zweitpräferierten Partei – seit langem Standard in britischen und kanadischen Wahlstudien – würde die Messung von strategischem Wahlverhalten sicher verbessern und den Vorhersagefehler bei der Klassifizierung strategischer Wähler möglicherweise reduzieren. Mit den vorliegenden Wahlstudien ist dies nicht möglich.

Der Anteil strategischer Wähler in den der Analyse zugrunde liegenden Stichproben wird auf rund 6 % im Jahr 1998 und 2 % im Jahr 2002 geschätzt. Rechnet man dies zurück auf die ursprüngliche Stichprobengröße und nimmt an, dass alle Wähler, die nicht in die endgültige Stichprobe eingegangen sind, nicht strategisch wählen, dann beläuft sich der geschätzte Anteil strategischer Erststimmen bei der Bundestagswahl 1998 auf 3 % und bei der Bundestagswahl 2002 auf 1 %. Angesichts dieser Zahlen ist klar, dass es sich bei strategischem Wählen mit der Erststimme um kein Massenphänomen handelt. Besonders ein Vergleich mit Schätzwerten aus anderen Ländern, die, je nach Messung, zwischen 5 bis 17 % liegen (vgl. Alvarez und Nagler, 2000, Tab. 1), legt den Schluss nahe, dass deutsche Wähler etwas weniger auf Anreize im Wahlkreis reagieren als Wähler in Großbritannien oder Kanada.

Es gibt aber auch andere mögliche Erklärungen für dieses Ergebnis. Wählerpräferenzen in Deutschland sind sehr ‚schief‘, in dem Sinne, dass eine große

Neigung zur CDU und SPD vorherrscht. Gemeinsam tauchen beide Parteien etwa dreimal häufiger auf dem ersten Präferenzrang auf als jede andere Partei. Daher sollte es nicht überraschen, dass die meisten Wähler ehrlich ihre Erststimme der CDU oder der SPD geben (siehe auch Blais und Nadeau 1996, für einen sehr ähnlichen Schluss).

Zweitens unterschätzt unsere strikte Definition strategischen Wählens womöglich das wahre Ausmaß des Phänomens. Sämtliche Befragte mit einer Rangplatzbindung auf dem ersten Präferenzrang wurden von der Analyse ausgeschlossen. Eine großzügigere Definition strategischen Wählens könnte Fälle beinhalten, in denen sich ein Wähler von der bevorzugten Partei zugunsten einer aussichtsreicheren, aber ebenso bevorzugten Partei abwendet. Eine Erweiterung der Definition in der Weise würde zweifellos zu mehr beobachtetem strategischen Verhalten führen. Ziel der Analyse war jedoch zu zeigen, dass Wähler tatsächlich manchmal gegen ihre bevorzugte Partei stimmen und nicht nur für die aussichtsreichere von zwei gleichwertigen Optionen.

Schließlich kann auch das Ausmaß strategischen Wählens zwischen Wahlen variieren. Zum Beispiel finden Blais et al. (2001), dass rund 6 % aller Stimmen in der kanadischen Parlamentswahl von 1988 strategischer Natur waren, aber nur halb so viele im Jahr 1997. Die Variabilität des strategischen Wählens über längere Zeiträume hinweg ist noch völlig unerforscht. Insofern lässt sich nicht sagen, ob die vorliegenden Schätzungen sich am oberen oder unteren Ende der Verteilung strategischen Wählens bei Bundestagswahlen befinden. Deshalb sollten die Ergebnisse lediglich als Hinweis darauf gesehen werden, dass bei Bundestagswahlen mit der Erststimme strategisch gewählt wird, wenn auch in einem wahrscheinlich geringeren Ausmaß als in anderen Ländern.

4.6 Fazit

Ziel dieses Kapitels war es, Anhaltspunkte für strategisches Wählen mit der Erststimme zu finden. Mit Hilfe von Antworten aus Vorwahlbefragungen wurde getestet, ob die Theorie aus Kap. 3 die Entscheidung eines Wählers zu Gunsten seiner zweitpräferierten Partei vorhersagen kann. Die Ergebnisse liefern Anhaltspunkte für strategisches Wählen: Je knapper das Rennen im Wahlkreis und stärker die Präferenz zwischen den beiden aussichtsreichen Parteien, desto eher gaben Wähler, deren bevorzugte Partei keine Chance auf den Sieg im Wahlkreis hatte, an, ihre bevorzugte unter den beiden aussichtsreichen Parteien zu wählen.

In Bezug auf die eingangs des Kapitels gestellte Frage zeigen die Ergebnisse, dass strategisches Wählen mit der Erststimme kein Massenphänomen ist. Nur etwa 1 bis 3 % der Wähler setzten bei den Bundestagswahlen 1998 und 2002 ihre Erststimme strategisch ein. Mehrere Gründe kommen hierfür in Betracht. Zunächst einmal handelt es sich bei zwei bis vier Prozent um eine konservative Schätzung strategischen Wählens. Nicht berücksichtigt sind hierbei Wähler, die zwei Parteien gleichermaßen bevorzugen und sich für die aussichtsreichere der beiden entscheiden.

Weiterhin ist die Gruppe derjenigen, die einen Anreiz besitzen strategisch zu wählen, nicht besonders groß. Anhänger kleiner Parteien machen zusammen in der Regel zehn bis zwanzig Prozent der Wähler aus. Bezogen auf diese Gruppe bedeutet das, dass etwa jeder fünfte Anhänger kleiner Parteien seine Erststimme strategisch einer der beiden führenden Parteien gegeben hat. Das ist nicht wenig, wenn man bedenkt, dass es auch für diese potentiellen strategischen Wähler Gründe gibt, ihre Stimme der bevorzugten Partei zu geben. Manche dieser Wähler mögen so sehr an ihrer Partei hängen, dass für sie eine strategische Stimme nicht in Frage kommt. Andere mögen zwischen den beiden führenden Parteien indifferent sein. Beides ist mit der Theorie strategischen Wählens vereinbar.

Insgesamt gibt es also offenbar Wähler, die sich der strategischen Anreize in ihrem Wahlkreis bewusst sind und dies in ihrer Entscheidung berücksichtigen. In knappen Wahlen könnte diesen Wählern entscheidende Bedeutung zukommen.

Literatur

Alvarez MR, Nagler J (2000) A new approach for modelling strategic voting in multiparty elections. British Journal of Political Science 30:57–75

Bawn K (1999) Voter responses to electoral complexity: Ticket splitting, rational voters and representation in the federal republic of Germany. British Journal of Political Science 29:487–505

Black JH (1978) The multicandidate calculus of voting: Application to Canadian federal elections. American Journal of Political Science 22:609–638

Blais A, Nadeau R (1996) Measuring strategic voting: A two-step procedure. Electoral Studies 15:39–52

Blais A, Nadeau R, Gidengil E, Nevitte N (2001) Measuring strategic voting in multiparty plurality elections. Electoral Studies 20:343–352

Blais A, Young R, Turcotte M (2005) Direct or indirect? Assessing two approaches to the measurement of strategic voting. Electoral Studies 24:163–176

Cain BE (1978) Strategic voting in Britain. American Journal of Political Science 22:639–655

Cox GW (1994) Strategic voting under the single nontransferable vote. American Political Science Review 88:608–621

Cox GW (1997) Making Votes Count: Strategic Coordination in the World's Electoral Systems. Cambridge University Press, Cambridge

Fisher SL (1973) The wasted vote thesis: West German evidence. Comparative Politics 5:293–299

Fisher SD (2004) Definition and measurement of tactical voting: The role of rational choice. British Journal of Political Science 34:125–166

Grofman B, Chiaramonte A, D'Alimonte R, Feld SL (2004) Comparing and contrasting the uses of two graphical tools for displaying patterns of multiparty competition. Party Politics 10:273–299

Gschwend T, Leuffen D (2005) Divided we stand - unified we govern? the issue of cohabitation in the french elections of 2002. British Journal of Political Science 35:691–712

Gschwend T, Johnston R, Pattie C (2003) Split-ticket patterns in mixed-member proportional election systems: Estimates and analyses of their spatial variation at the German federal election, 1998. British Journal of Political Science 33:109–27

Herrmann M, Pappi FU (2008) Strategic voting in German constituencies. Electoral Studies 27:228–244

Jesse E (1988) Split-voting in the federal republic of Germany: An analysis of the federal elections from 1953 to 1987. Electoral Studies 7:109–24

Katz JN, King G (1999) A statistical model for multiparty electoral data. American Political Science Review 93:15–32

Kim H, Fording R (2001) Does tactical voting matter? The political impact of tactical voting in recent British elections. Comparative Political Studies 34:294–311

McKelvey RD, Ordeshook PC (1972) A general theory of the calculus of voting. In: Herndon J, Bernd J (eds) Mathematical Applications in Political Science, University Press of Virginia, pp 32–78

Mechtel M (2012) It's the occupation, stupid! explaining candidates' success in low-information elections. European Journal of Political Economy 33:53–70

Miller WL (1977) Electoral Dynamics in Britain Since 1918. MacMillan Press

Myatt DP (2007) On the theory of strategic voting. Review of Economic Studies 74(1):255–281

Myerson RB, Weber RJ (1993) A theory of voting equilibria. American Political Science Review 87:102–114

Ordeshook PC, Zeng L (1997) Rational voters and strategic voting: Evidence from the 1968, 1980 and 1992 elections. Journal of Theoretical Politics 9:167–187

Palfrey TR (1989) A mathematical proof of Duverger's law. In: Ordeshook PC (ed) Models of Strategic Choice in Politics, University of Michigan Press, Ann Arbor, pp 69–91

Schoen H (1999) Split-ticket voting in German federal elections, 1953–90: An example of sophisticated balloting? Electoral Studies 18:473–96

Upton GJG (1994) Picturing the 1992 British General Election. Journal of the Royal Statistical Society 157:231–252

Der Einfluss strategischen Erststimmenwählens auf die Entstehung von Überhangmandaten

5

Macht strategisches Wählen mit der Erststimme einen Unterschied? Im vorangegangenen Kapitel wurde mit Hilfe von Umfragedaten gezeigt, dass ein kleiner Prozentsatz von Wählern bei Bundestagswahlen seine Erststimme strategisch einsetzt. In diesem Kapitel soll die politische Relevanz dieser kleinen, aber potentiell entscheidenden Wählergruppe näher beleuchtet werden. Einer der Hauptgründe für die Bedeutung strategischen Wählens liegt in der Möglichkeit, dass eine vergleichsweise geringe Zahl von Wählern in der Lage ist, den Ausgang der Wahl im Wahlkreis zu bestimmen, indem sie sich gegen ihre präferierte Partei entscheidet. Ob und wie häufig es in vergangenen Bundeswahlen dazu kam, soll im Folgenden näher bestimmt werden.

Die Frage nach dem Einfluss strategischer Erststimmen auf das Wahlergebnis stellt sich besonders im Hinblick auf Überhangmandate. Überhangmandate entstehen, wenn eine Partei in einem Bundesland mehr Mandate in Wahlkreisen gewinnt, als ihr aufgrund ihrer landesweit errungenen Zweitstimmen zustehen (vgl. Behnke 2003, 2007). Das heißt, Überhangmandate erlauben es einer Partei ihre Sitzstärke über ihren reinen Zweitstimmenanteil hinaus zu vergrößern. Seit der Wiedervereinigung traten Überhangmandate in wachsender Zahl auf (vgl. Tab. 5.1). Durch die Wahlrechtsänderung vom 21. Februar 2013 können Überhangmandate nicht mehr zu einer Verzerrung des Zweitstimmenproporzes führen. Dennoch erscheint es lohnend, das Potential strategischen Wählens mit der Erststimme bei vergangenen Bundestagswahlen auf den Prüfstand zu stellen.

Ziel der folgenden Analysen wird daher sein, den Einfluss strategischen Wählens auf die Entstehung von Überhangmandaten zu untersuchen. Um dies zu

© Springer Fachmedien Wiesbaden 2015
M. Herrmann, *Strategisches Wählen in Deutschland*,
DOI 10.1007/978-3-658-09051-7_5

Jahr	Ost	West	Gesamt
1990	6	0	6
1994	13	3	16
1998	12	1	13
2002	4	1	5
2005	11	5	16
2009	7	14	21

Tab. 5.1 Überhangmandate seit der Wiedervereinigung

bewerkstelligen, benötigt man Hochrechnungen über das Ausmaß und die Richtung strategischen Wählens innerhalb von Wahlkreisen. In diesem Kapitel wird ein Modell entwickelt, das es erlaubt, solche Hochrechnungen anzustellen. Das Modell baut auf Herrmann (2010) auf. Angewandt auf ostdeutsche Wahlkreise bei den Bundestagswahlen 1994–2009 liefert das Modell Aufschluss darüber, wie empfänglich Anhänger von CDU, SPD und PDS/Linke für strategische Anreize in ihrem Wahlkreis sind, welche Parteien am meisten von strategischen Stimmen profitierten bzw. welchen Parteien strategisches Wählen am meisten schadete, wie viel Prozent der im Wahlkreis abgegebenen Stimmen strategischer Natur waren und wie sich strategisches Wählen auf die Sitzverteilung im Bundestag auswirken kann. Das Augenmerk der Analyse liegt dabei auf ostdeutschen Wahlkreisen seit der Wiedervereinigung.

Für die Untersuchung der politischen Relevanz strategischen Wählens liegt es nahe, ostdeutsche Wahlkreise zu betrachten. Anders als im Westen sind in den neuen Bundesländern in jeder Wahl seit der Wiedervereinigung zahlreiche Überhangmandate entstanden (vgl. Tab. 5.1). Der Median liegt bei 7,5 Mandaten pro Bundestagswahl, in den alten Bundesländern dagegen nur bei zwei. Mit Ausnahme von Berlin fielen bisher in jedem ostdeutschen Bundesland bei zwei oder mehr Bundestagswahlen Überhangmandate an. Zwar entstanden bei der Bundestagswahl 2009 viele Überhangmandate im Westen (erstmals mehr als im Osten), trotzdem kamen auch hier wieder 7 Mandate aus den neuen Bundesländern. In den vergangenen Wahlen kam den Ergebnissen in ostdeutschen Wahlkreisen damit jedes Mal eine unmittelbare Relevanz für die Sitzverteilung im Bundestag zu. Wenn sich strategisches Erststimmenwählen also als politisch bedeutsam erweisen sollte, dann am ehesten in diesem Teil Deutschlands. Die folgenden Ergebnisse zeigen, dass strategische Erststimmen an der Entstehung mehrerer Überhangmandate beteiligt waren.

5.1 Schwierigkeiten bei der Bestimmung des Ausmaßes strategischen Wählens

Ungeachtet der immensen Zahl an Studien zu strategischem Wählen, besonders in der angelsächsischen Literatur (z. B. Alvarez und Nagler 2000; Blais und Nadeau 1996; Cox 1997; Fisher 2004; Gschwend 2007; Heath und Evans 1994; Karp et al. 2002), ist es bisher kaum gelungen, präzise Schätzungen über das Ausmaß strategischen Wählens innerhalb von Wahlkreisen abzugeben. Ebenso wenig wissen wir darüber, wie groß die Zahl strategischer Stimmentransfers zwischen Parteien in einzelnen Wahlkreisen ausfällt.

Ein Grund für diesen Mangel an Ergebnissen liegt darin begründet, dass die überwiegende Mehrzahl von Studien strategisches Wählen auf der Basis von Umfragedaten untersucht (z. B. Black 1978; Cain 1978; Niemi et al. 1992; Blais und Nadeau 1996; Ordeshook und Zeng 1997; Fisher 2004; Gschwend 2007). Umfragedaten sind zwar einerseits unentbehrlich um strategisches Wählen nachzuweisen (vgl. auch Kap. 4), sie eignen sich andererseits aber schwerlich zur Untersuchung von Wählerwanderungen innerhalb von Wahlkreisen. Im Prinzip müsste dafür in jedem Wahlkreis eine repräsentative Stichprobe von Wahlberechtigten befragt werden. Bisher gibt es keine Studie, die das auch nur annähernd leisten könnte.

Mit herkömmlichen, national repräsentativen Umfragen lassen sich lediglich Schätzungen über das nationale Ausmaß strategischen Wählens abgeben (z. B. Blais et al. 2001; Blais et al. 2005; Alvarez und Nagler 2000; Alvarez et al. 2006). So wurde in Kap. 4 errechnet, dass etwa drei Prozent der Wähler bei den Bundestagswahlen 1998 und 2002 strategisch ihre Erststimme einer anderen Partei gaben. Solche Schätzungen geben aber keinen Aufschluss über den Effekt, den strategische Stimmen auf den Ausgang der Wahl im Wahlkreis haben, schließlich bestehen nicht in jedem Wahlkreis dieselben Anreize strategisch zu wählen und auch der Wahlausgang selbst kann unterschiedlich knapp ausfallen. Für eine Einschätzung der politischen Bedeutung strategischen Wählens hilft es wenig, zu fragen, wie viel Prozent der Wähler bundesweit strategisch gewählt haben, da sich strategisches Wählen auf die Beeinflussung des Ergebnisses im Wahlkreis richtet. Eine über alle Wahlkreise hinweg geschätzte Größe kann hier keinen Aufschluss geben.

Eine alternative Vorgehensweise besteht darin, aus den tatsächlichen Wahlergebnissen im Wahlkreis auf das Ausmaß strategischen Wählens zu schließen (vgl. Galbraith und Rae 1989; Johnston und Pattie 1991; Fieldhouse et al. 1996). Damit lässt sich zwar im Prinzip das Ausmaß strategischen Wählens auf Wahlkreisebene studieren. Da im beobachteten Wahlkreisergebnis strategische Stimmen aber bereits enthalten sind, benötigt man zusätzliche Informationen darüber wie die Anhängerschaften der einzelnen Parteien im Wahlkreis verteilt sind. Verlässliche Daten über die Parteipräferenzen der Wähler im Wahlkreis sind mangels repräsentativer Umfragen auf Wahlkreisebene in der Regel aber nicht verfügbar und vergangene Wahlergebnisse als Maßstab zu nehmen, verlagert lediglich das Problem, anstatt es zu lösen.

Im Gegensatz zu reinen Mehrheitswahlsystemen bietet das deutsche Mischwahlsystem mit seiner Kombination von einfacher Mehrheitswahl und Verhältniswahl die Möglichkeit, strategisches Wählen mit Hilfe eines Vergleichs von Erst- und Zweitstimmenergebnis auf Wahlkreisebene zu untersuchen. Einige Studien machen sich dieses Potential zu Nutze: Cox (1997) und Bawn (1999) etwa, sowie auch Gschwend et al. (2003) betrachten jeweils die Differenz zwischen dem Zweit- und Erststimmenergebnis kleiner Parteien (FDP und Grüne) und können zeigen, dass diese mit der Knappheit des Erststimmenergebnisses der beiden großen Parteien (CDU und SPD) im Wahlkreis ansteigt. Zwar ist dies ein Hinweis auf strategisches Wählen, die Frage nach der Größenordnung und politischen Relevanz des Phänomens bleibt damit aber weiterhin unbeantwortet.

Zum einen sind, wie in Abschn. 4.1 gezeigt, in ostdeutschen Wahlkreisen nicht immer nur SPD oder CDU die beiden aussichtsreichsten Parteien. Zum anderen betrachten die genannten Ansätze lediglich die Stimmenverluste von Grünen und FDP und berücksichtigen nicht, dass diese mit Stimmengewinnen der jeweils aussichtsreichen Parteien im Wahlkreis einher gehen müssen. Damit bleibt die Frage offen, welcher Partei sich strategische Wähler im Wahlkreis zugewandt haben. Drittens kann nicht immer davon ausgegangen werden, dass die Zweitstimme die Anhängerschaften der Parteien im Wahlkreis widerspiegelt. Auch mit der Zweitstimme kann es sich lohnen, gegen die bevorzugte Partei zu stimmen (vgl. Kap. 6). Solche potentiellen Abweichungen im Zweitstimmenergebnis sollten bei einem Vergleich von Erst- und Zweitstimmenergebnis nach Möglichkeit berücksichtigt werden.

Im Folgenden wird, aufbauend auf dem entscheidungstheoretischen Modell strategischen Wählens aus Abschn. 3.1, ein statistisches Modell entwickelt, das es erlaubt, unter gleichzeitiger Berücksichtigung von Stimmenverlusten und -gewinnen von Parteien, die strategischen Wählerwanderungen im Wahlkreis nachzuvollziehen. Um die Umsetzbarkeit des Modells zu gewährleisten, wird bei der Modellierung von einem Dreiparteienwettbewerb ausgegangen. Wie in Abschn. 4.1 gezeigt, ist diese Annahme in Wahlkreisen in Ostdeutschland (ohne West-Berlin) gerechtfertigt. CDU, SPD und PDS (ab 2007: Die Linke) errangen dort stets den Löwenanteil (ca. 90 %) der Erststimmen. Dabei gewann die drittplazierte Partei im Wahlkreis (meist die PDS/Linke) mit durchschnittlich 20 % der Stimmen stets mit deutlichem Abstand vor den viert- und fünftplatzierten Parteien mit jeweils 4 bis 6 % der Stimmen, was die Annahme eines Dreiparteienwettbewerbs insgesamt plausibel erscheinen lässt.

Eine Ausnahme stellt die erste Wahl nach der Wiedervereinigung, die Bundestagswahl 1990, dar. Diese wird im Folgenden nicht berücksichtigt, da hier FDP und PDS in vielen Wahlkreisen etwa gleich stark waren und sich zusammen mit CDU und SPD die vorderen Plätze im Wahlkreis teilten. Die Annahme eines Dreiparteienwettbewerbs auf Wahlkreisebene erscheint hier nicht gerechtfertigt. Zudem sollte davon ausgegangen werden, dass die Wähler in der ersten Wahl nach der Wiedervereinigung die politischen Konsequenzen des für sie neuen Wahlsystems noch nicht ausreichend antizipieren konnten, um strategisch zu wählen (vgl. Lijphart 1994; Reed 1990). Der Fokus der Analyse liegt daher auf den fünf Bundestagswahlen im Zeitraum 1994–2009.

5.2 Die statistische Schätzung strategischer Wählerwanderungen im Wahlkreis

Im Folgenden wird ein statistisches Modell zur Untersuchung strategischer Wählerwanderungen anhand der Wahlkreisergebnisse in Ostdeutschland entwickelt. Wir haben gesehen, dass in einer relativen Mehrheitswahl mit drei Parteien immer dann strategisch gewählt wird, wenn das Wahrscheinlichkeitsverhältnis in Ungleichung (3.2) größer ausfällt als das Nutzenverhältnis. Im Folgenden bezeichnen wir das Nutzenverhältnis der Einfachheit halber als ‚Stärke der Präferenz' und das Wahrscheinlichkeitsverhältnis als ‚strategischen Anreiz'. Die Stärke der Präferenz eines Wählers für seine bevorzugte Partei ist seine private Information. Sie bleibt außenstehenden Beobachtern in der Regel verborgen (bestenfalls kann sie, wie in Kap. 4 gezeigt, für eine Stichprobe von Befragten im Rahmen einer Wahlumfrage gemessen werden) und wird auch in der vorliegenden Analyse als unbeobachtete Größe aufgefasst. Der strategische Anreiz dagegen kann empirisch bestimmt werden. Er ist vom Wähler unabhängig und ergibt sich allein aus der Wahlkreissituation.

Das Wahlkriterium in Ungleichung (3.2) sagt uns, dass für jeden Wähler, gegeben seine Stärke der Präferenz, die Entscheidung strategisch zu wählen nur von der Höhe des strategischen Anreizes in seinem Wahlkreis abhängt. Das heißt, auch wenn wir die Stärke der Präferenz der Wähler nicht kennen, so muss doch die Zahl der strategischen Wähler in einem Wahlkreis zunehmen, wenn der Anreiz strategisch zu wählen in diesem Wahlkreis steigt. Wenn also beispielsweise der

Anreiz für PDS-Anhänger strategisch die SPD zu wählen im Wahlkreis steigt, so würden wir erwarten, dass die PDS im Wahlkreis Stimmen verliert und die SPD Stimmen hinzu gewinnt. Unter der Annahme, dass die Präferenzstärken der Wähler homogen über Wahlkreise hinweg verteilt sind, sich also nicht systematisch zwischen Wahlkreisen unterscheiden, lassen sich Unterschiede im strategischen Anreiz zwischen Wahlkreisen dazu nutzen, um strategisches Wählen zu bestimmen. Dazu müssen wir lediglich den strategischen Anreiz berechnen können, ein Maß für strategisches Wählen im Wahlkreis besitzen und ein statistisches Modell formulieren, mit dessen Hilfe sich auch das Ausmaß strategischen Wählens auf Wahlkreisebene nachvollziehen lässt. Jeder dieser Schritte wird im Folgenden erläutert.

Die zentrale Erklärungsvariable der Analyse sei I_{ij}: Der strategische Anreiz eines Anhängers von Partei i seine Stimme der von ihm zweitpräferierten Partei j zu geben. Sie ergibt sich aus Ungleichung (3.2) als

$$I_{ij} \equiv \log \frac{2p_{ij} + p_{jk}}{2p_{ij} + p_{ik}}, \tag{5.1}$$

wobei k die drittpräferierte Partei des Wählers bezeichnet. Bei drei Parteien lassen sich sechs solcher Anreizvariablen unterscheiden: $I_{CS}, I_{CP}, I_{SC}, I_{SP}, I_{PS}$ und I_{PC}, wobei die Subskripte für CDU, SPD und PDS/Linke stehen. Aus rechnerischen Gründen wird das Wahrscheinlichkeitsverhältnis aus Ungleichung (3.2) logarithmiert. Der Logarithmus sorgt dafür, dass I_{ij} nur dann positive Werte annimmt, wenn auch ein Anreiz besteht strategisch zu wählen (d. h. wenn das Wahrscheinlichkeitsverhältnis größer eins ist). Die in Ungleichung (3.2) formulierte Entscheidungsregel des Wählers bleibt dadurch unverändert.

Zur Berechnung der strategischen Anreizvariablen benötigen wir ein Verfahren zur Bestimmung der Pattwahrscheinlichkeiten. In Kap. 4.3 wurden die Pattwahrscheinlichkeiten anhand der Distanz zwischen dem tatsächlichen Ergebnis und dem nächstgelegenen Ergebnis berechnet, in dem die beiden führenden Parteien gleichauf liegen. Eine präzisere, wenngleich aufwändigere Vorgehensweise besteht darin, das Wahlergebnis als eine Zufallsvariable aufzufassen, die einer bestimmten Verteilung folgt (vgl. Hoffman 1982; Palfrey 1989; Myatt und Fisher 2002a). Diese Verteilung wird durch eine Dichtefunktion beschrieben. Um die Wahrscheinlichkeit eines Patts zu berechnen, muss die Dichte über alle möglichen Ergebnisse, bei denen zwei Parteien mit derselben Stimmenzahl auf dem ersten Platz enden, summiert (bzw. integriert) werden. Zum Beispiel könnten zwei Parteien mit je 40 % der Erststimmen auf dem ersten Platz enden oder auch mit je 45 %. Konkurrieren drei Parteien um den Sitz, dann können die beiden führenden Parteien rein rechnerisch mit jeder Stimmenzahl, die zwischen einem Drittel und der Hälfte aller Stimmen im Wahlkreis entspricht, gleichauf liegen. Die Wahrscheinlichkeit eines Patts beider Parteien ergibt sich dann schlicht aus der Summe der Einzelwahrscheinlichkeiten dieser möglichen Ergebnisse.

Die hier verwendete Berechnung der Pattwahrscheinlichkeiten folgt dem Modell von Palfrey (1989). Das Erststimmenergebnis im Wahlkreis wird dabei als eine diskrete Zufallsvariable aufgefasst, die einer multinomialen Wahrscheinlichkeitsverteilung folgt. Die Parameter dieser Verteilung π_C, π_S und π_P bezeichnen die seitens der Wähler erwarteten Stimmenanteile der drei Parteien, CDU, SPD und PDS/Linke. Sei N die Zahl der Wähler im Wahlkreis, dann ist die Wahrscheinlichkeit eines Patts zwischen Partei i und Partei j gegeben als

$$p_{ij} = \sum_{t=X}^{Y} \frac{N!}{t! t! (N-2t)!} (\pi_i)^t (\pi_j)^t (\pi_k)^{N-2t}, \tag{5.2}$$

wobei X für $N/3$ aufgerundet auf die nächste ganze Zahl steht und Y für $N/2$ abgerundet auf die nächste ganze Zahl. Die Wahrscheinlichkeiten eines Patts zwischen jedem Parteienpaar lassen sich mit dieser Formel berechnen, wenn man die π-Terme entsprechend zuweist. Um zum Beispiel die Wahrscheinlichkeit eines Patts zwischen SPD und PDS/Linke zu berechnen, weist man π_i den erwarteten Erststimmenanteil der SPD zu, π_j den der PDS/Linke und π_k den der CDU. Analog verfährt man für die Wahrscheinlichkeit eines Patts zwischen CDU und PDS bzw. zwischen CDU und SPD.

Als Maß für die erwarteten Erststimmenanteile der drei Parteien wird das tatsächliche Ergebnis im Wahlkreis verwendet (vgl. Abschn. 4.3). Der erwartete Erststimmenanteil der CDU ergibt sich somit aus der Erststimmenzahl der CDU im Wahlkreis, geteilt durch die Summe der Erststimmen für CDU, SPD und PDS/Linke. Die erwarteten Erststimmenanteile der übrigen Parteien werden auf die gleiche Weise berechnet. Zur Berechnung der Pattwahrscheinlichkeiten wird $N = 20$ gesetzt. Andere Werte für N führen zu keiner wesentlichen Änderung der unten berichteten Ergebnisse.[1] Palfrey (1989, S. 79) zeigt, dass für großes N die Wahrscheinlichkeit eines Patts zwischen der drittplatzierten Partei und jeder der beiden anderen Parteien schneller gegen null geht, als die Wahrscheinlichkeit eines Patts zwischen den beiden führenden Parteien. Da die drittplatzierte Partei auch bei $N = 20$ stets die geringste Wahrscheinlichkeit hat, mit einer der beiden anderen Parteien gleichzuziehen, werden die hier berechneten Pattwahrscheinlichkeiten stellvertretend für die tatsächlichen Pattwahrscheinlichkeiten in einem Wahlkreis mit zehntausenden von Wählern verwendet.

---

[1] Es wurden Werte bis $N = 150$ getestet. Für noch größere Werte werden die Pattwahrscheinlichkeiten so winzig, dass sie sich nicht mehr berechnen lassen.

Um die Bedeutung strategischer Anreize auf das Wahlverhalten bestimmen zu können, benötigt man ein Maß für strategisches Wählen. Im Einklang mit früheren Studien wird die Differenz zwischen den Erst- und Zweitstimmen einer Partei im Wahlkreis als Indikator für potentielle strategische Wählerwanderungen verwendet (vgl. Cox 1997; Bawn 1999; Gschwend et al. 2003). Der Grund dafür ist naheliegend: Profitiert eine Partei von strategischen Stimmen, so sollte sich dies positiv auf ihre Erst-Zweitstimmendifferenz auswirken; verliert sie Stimmen aufgrund von strategischem Wählen, so sollte sich dies negativ auf ihre Stimmendifferenz auswirken. Sofern also im Wahlkreis strategisch gewählt wird, sollte sich dies in den Differenzen der abgegebenen Erst- und Zweitstimmen der Parteien niederschlagen.

Zur Modellierung strategischer Wählerbewegungen genügt es nicht, die Stimmendifferenzen der Parteien isoliert voneinander zu betrachten, denn eine strategische Stimme hat immer zwei Auswirkungen: Sie reduziert die Stimmenzahl einer Partei und vergrößert gleichzeitig die Stimmenzahl einer anderen Partei. Steigt also die Zahl der PDS-Anhänger, die sich strategisch für die SPD entscheiden, so sollte die Stimmendifferenz der PDS sinken, die Stimmendifferenz der SPD jedoch um denselben Betrag steigen. Ähnliches gilt für strategische Wanderbewegungen zwischen den anderen Parteien.

Formal lassen sich sämtliche Wanderbewegungen im Wahlkreis in dem folgenden Gleichungssystem zusammenfassen:

$$C1 - C2 = \beta_{SC}I_{SC} - \beta_{CS}I_{CS} + \beta_{PC}I_{PC} - \beta_{CP}I_{CP} + 0 + 0$$

$$S1 - S2 = -\beta_{SC}I_{SC} + \beta_{CS}I_{CS} + 0 + 0 - \beta_{SP}I_{SP} + \beta_{PS}I_{PS} \qquad (5.3)$$

$$P1 - P2 = 0 + 0 - \beta_{PC}I_{PC} + \beta_{CP}I_{CP} + \beta_{SP}I_{SP} - \beta_{PS}I_{PS},$$

dabei bezeichnet I_{CS} den strategischen Anreiz eines CDU-Anhängers seine Stimme der SPD zu geben, I_{PS} den Anreiz eines PDS/Linke-Anhängers die SPD zu wählen und I_{PC} den Anreiz eines PDS/Linke-Anhängers die CDU zu wählen. Wie man sieht, ist jede der sechs strategischen Anreizvariablen mit einem eigenen Koeffizienten, β, versehen, der die Zahl der Wähler angibt, die aufgrund des strategischen Anreizes ihre bevorzugte Partei verlassen und statt dessen ihre zweitpräferierte Partei wählen. Da dies impliziert, dass Stimmen von einer Partei zur anderen wandern, taucht jeder Koeffizient einmal mit einem positiven und einmal mit einem negativen Vorzeichen im Gleichungssystem auf. Sofern also 1000 PDS-Anhänger strategisch der CDU ihre Stimme geben, hat dies einen positiven Effekt auf die Stimmendifferenz der CDU und einen negativen Effekt auf die Stimmendifferenz der PDS. Dem Betrag nach müssen beide Effekte jedoch gleich (nämlich 1000) sein und genau das wird mit der Spezifikation in Gl. (5.2) erreicht.

Zum besseren Verständnis sei angemerkt, dass in einem Wahlkreis nie alle sechs Anreizvariablen gleichzeitig positive Werte annehmen können. Genauer gesagt, wann immer Anhänger von Partei i einen Anreiz besitzen zu Partei j zu wechseln, besitzen umgekehrt Anhänger von Partei j einen Anreiz ihre Partei zu wählen. Formal ist es einfach zu zeigen, dass $I_{ij} = -I_{ji}$ (vgl. Herrmann 2012). Da ein negativer Wert von I_{ij} bedeutet, dass der Wähler keinen Anreiz besitzt, seine Partei zu Gunsten einer anderen zu verlassen (vgl. Abschn. 3.1), gehen nur positive Werte von I_{ij} in Gl. (5.2) ein. Das heißt, die obigen Anreizvariablen sind positiv, wann immer es sich für eine Gruppe von Wählern lohnt, ihre Erststimme einer anderen Partei zu geben, sonst sind sie null. Um weiterhin die postulierten (positiven, negativen oder nicht vorhandenen) Zusammenhänge zwischen den strategischen Anreizvariablen und den Stimmendifferenzen der Parteien zu gewährleisten, werden die Anreizvariablen jeweils mit Indikator-Variablen mit den Werten $-1, 0$ oder 1 multipliziert.

Neben strategischem Wählen mit der Erststimme kommen eine Reihe anderer Möglichkeiten in Betracht, wieso sich die Zahl der Erststimmen einer Partei von der Zahl ihrer Zweitstimmen unterscheiden könnte. Eine Möglichkeit besteht darin, dass Wähler dem Kandidaten einer anderen Partei ihre Erststimme geben, weil sie ihn als Person schätzen. Ein Maß für die Popularität von Kandidaten ist ihr Abschneiden bei der vorangegangenen Wahl. Insbesondere der amtierende Direktkandidat eines Wahlkreises sollte einen Stimmenvorteil genießen aufgrund seiner größeren Sichtbarkeit, seiner Kontakte im Wahlkreis und seiner Wahlkreisarbeit in der vergangenen Amtsperiode. Die Literatur zum Wettbewerbsvorteil gewählter Abgeordneter zeigt, dass Amtsinhaber in den USA (z. B. Butler 2009; Gelman und King 1990; Levitt und Wolfram 1997), Großbritannien (Katz und King 1999), aber auch Deutschland (Hainmueller und Kern 2008) mehr Stimmen gewinnen als ihre Herausforderer und dass dieser Effekt nicht nur auf die Stärke ihrer Partei im Wahlkreis zurück zu führen ist.

Eine persönliche Stimme für den Amtsinhaber hat ähnliche Auswirkungen auf die Stimmendifferenzen der Parteien, wie strategisches Wählen: Die Erststimmenzahl der Partei des Amtsinhabers erhöht sich um eine Stimme gegenüber ihrer Zweitstimmenzahl, gleichzeitig verringert sich die Erststimmenzahl der bevorzugten Partei des Wählers gegenüber ihrer Zweitstimmenzahl um eins. Insofern lässt sich für den Amtsinhabereffekt ein ähnliches Modell formulieren, wie für strategische Wählerwanderungen. Sei beispielsweise D_S eine Variable, die für amtierende Direktkandidaten der SPD den Wert eins annimmt und sonst null und seien θ_{SP} und θ_{SC} Koeffizienten, die die Zahl der Stimmen angeben, die ein SPD-

Direktkandidat im Durchschnitt von Anhängern der PDS/Linke bzw. der CDU erhält, dann können wir diesen Zusammenhang abbilden, indem wir in (5.2) den Term $-\theta_{SP}D_S$ zur Gleichung der Stimmendifferenzen der PDS hinzufügen, den Term $-\theta_{SC}D_S$ zur Gleichung der Stimmendifferenzen der CDU hinzufügen und den Term $\theta_{SP}D_S + \theta_{SC}D_S$ zur Gleichung der Stimmendifferenzen der SPD hinzufügen. Auf die gleiche Weise lassen sich persönliche Stimmen für Amtsinhaber der anderen Parteien ins Modell aufnehmen. Tritt der amtierende Direktkandidat eines Wahlkreises nicht zur Wiederwahl an, ist D gleich null für alle Parteien.

Stimmen für den Amtsinhaber sollten zu ähnlichen, aber nicht den selben, Mustern in den Stimmendifferenzen der Parteien führen, wie strategische Stimmen. Beide Prozesse führen dazu, dass Erststimmen von schwächeren Parteien zu stärkeren Parteien wandern. Unter strategischem Wählen sollten Erststimmen von der drittplatzierten zu den beiden führenden Parteien wandern. Im Gegensatz dazu sollten Stimmen für den Amtsinhaber nur zu Gunsten seiner Partei und zu Lasten der beiden anderen Parteien im Wahlkreis gehen. Außerdem sollten Amtsinhabereffekte nicht auftreten, wenn der amtierende Direktkandidat eines Wahlkreises nicht zur Wiederwahl antritt. Diese Differenz in den Mustern der Wählerwanderungen erlaubt es, strategisches Wählen und Amtsinhabereffekte zu unterscheiden und zu identifizieren.

Ein weiterer Grund für Abweichungen zwischen Erst- und Zweitstimme ist die Möglichkeit strategischen Wählens mit der Erststimme seitens der Anhänger von Grünen und FDP. Wie wir in Abschn. 4.1 gesehen haben, sind beide Parteien in ostdeutschen Wahlkreisen chancenlos.[2] Anhänger beider Parteien besitzen also einen starken Anreiz, ihre Stimme der bevorzugten unter den aussichtsreichen Parteien zu geben. Um diese Möglichkeit zu berücksichtigen, geht die Differenz zwischen den Erst- und Zweitstimmen von FDP und Grünen im Wahlkreis als unabhängige Variable in das Modell in (5.2) ein. Auch die Erst- und Zweitstimmendifferenz aller ‚sonstigen' Parteien im Wahlkreis geht als Variable in das Modell ein. Die Stimmendifferenzen werden mit Koeffizienten gewichtet, die es erlauben, dass eine Verringerung der Zahl der Erststimmen gegenüber der Zahl der Zweitstimmen von FDP, bzw. Grünen oder sonstiger Parteien sich jeweils unterschiedlich auf die Stimmendifferenzen der drei großen Parteien im Wahlkreis auswirkt. Zu erwarten wäre unter dieser Art der Modellierung, dass eine Abnahme der Stimmendifferenz der FDP mit einer Zunahme der Stimmendifferenz der CDU korreliert und eine Abnahme der Stimmendifferenz der Grünen mit einer Zunahme der Stimmendifferenz der SPD einher geht.

---

[2] Der Wahlkreis des außergewöhnlich populären Grünen-Abgeordneten Hans-Christian Ströbele wird bei den folgenden Analysen nicht berücksichtigt.

Die Aufnahme der Stimmendifferenzen von FDP und Grünen dient noch einem weiteren Zweck. Im zweiten Teil des Buches wird gezeigt, dass Wähler im Hinblick auf die Regierungsbildung Anreize zu strategischem Koalitionswählen besitzen. Ein bekanntes Beispiel hierfür sind die so genannten Leihstimmen von Anhängern großer Parteien (CDU oder SPD) für deren designierte Koalitionspartner. Wie im zweiten Teil gezeigt wird, impliziert die Logik des strategischen Koalitionswählens ganz allgemein, dass in den betrachteten Bundestagswahlen Zweitstimmen zwischen CDU und FDP oder zwischen SPD und Grünen hätten ausgetauscht werden können. Insofern wäre zu erwarten, dass mehr Zweitstimmen für die FDP mit einer größeren Stimmendifferenz der CDU und mehr Zweitstimmen für die Grünen mit einer größeren Stimmendifferenz der SPD einhergehen. Der Zusammenhang wäre der gleiche, wie wenn Anhänger der FDP ihre Erststimme strategisch der CDU und Anhänger der Grünen ihre Erststimme strategisch der SPD geben. Durch die vorgenannte Aufnahme der Erst- und Zweitstimmendifferenzen von FDP und Grünen lassen sich beide Möglichkeiten berücksichtigen.[3]

Wie im zweiten Teil des Buches gezeigt wird, bestehen theoretisch auch Anreize für Anhänger einer großen Koalition, je nach Umfragewerten der Parteien, ihre Zweitstimme der CDU anstelle der SPD zu geben und umgekehrt. Auf der Basis der Wahlkreisergebnisse lässt sich dieses Verhalten nur schwer identifizieren. Die in Kap. 7 berichteten Befunde auf der Basis von Individualdaten liefern allerdings keinen Beleg, dass Anhänger einer großen Koalition ihre Zweitstimme tatsächlich strategisch einsetzen. Täten sie es doch, so würden strategische Zweitstimmen von CDU-Anhängern für die SPD (bzw. umgekehrt) nicht mit Anreizen zu strategischem Wählen mit der Erststimme korrelieren, da Anreize zu

---

[3] Es sei angemerkt, dass die folgende Analyse keinen Versuch unternimmt, strategisches Koalitionswählen durch SPD- und CDU-Anhänger von strategischem Erststimmenwählen durch Grünen- und FDP-Anhänger zu unterscheiden. Zwar lassen sich Bedingungen angeben, unter denen sich beide Formen des strategischen Wählens voneinander unterscheiden lassen. Zum Beispiel sollten strategische Erststimmen durch Grünen- und FDP-Anhänger an die beiden führenden Parteien im Wahlkreis gehen, was in ostdeutschen Wahlkreisen nicht immer CDU und SPD sind. Auch sollte, wie wir in Abschn. 4.4 gesehen haben, strategisches Wählen durch Grünen- und FDP-Anhänger mit der erwarteten Knappheit des Ausgangs im Wahlkreis zunehmen. Dennoch sind die beobachtbaren Auswirkungen beider Verhaltensweisen sehr häufig die gleichen, so dass eine verlässliche Trennung beider Effekte kaum möglich erscheint. Sofern Anhänger von FDP und Grünen ebenfalls strategisch mit der Erststimme wählen – wovon angesichts der Ergebnisse in Abschn. 4.4 auszugehen ist – unterschätzen die nachfolgend berichteten Ergebnisse, die sich alleine auf Anhänger von CDU, SPD und PDS/Linke konzentrieren, wahrscheinlich das wahre Ausmaß strategischen Wählens mit der Erststimme.

strategischem Wählen mit der Zweitstimme vom erwarteten Wahlausgang auf nationaler Ebene abhängen und nicht vom erwarteten Wahlausgang im Wahlkreis. Insofern kann davon ausgegangen werden, dass die unten berichteten Schätzungen strategischer Wählerwanderungen mit der Erststimme nicht durch strategisches Zweitstimmenwählen verzerrt sind.

Ein weiterer Faktor, der die Differenz zwischen Erst- und Zweitstimmen beeinflusst, ist die Stimmenthaltung oder eine ungültige Stimmabgabe mit einer der beiden Stimmen. Die Zahl der gültigen Erststimmen ist meist geringer als die Zahl der gültigen Zweitstimmen im Wahlkreis. Sofern Wähler nicht von beiden Stimmen gleichermaßen Gebrauch machen, kann dies die Höhe der Stimmendifferenzen beeinflussen. Vor allem wenn bestimmte Wählergruppen, beispielsweise Anhänger der PDS/Linke, eher dazu tendieren als andere, eine ungültige Erststimme abzugeben, kann dies die Schätzungen der Wählerwanderungen beeinträchtigen. Aus diesem Grund wird die Differenz der gültigen Erst- und Zweitstimmen im Wahlkreis als unabhängige Variable in das Modell in (5.2) aufgenommen. Die Differenz in den gültigen Stimmen wird mit Koeffizienten gewichtet, die es erlauben, dass eine größere Differenz in der Gesamtzahl der gültigen Erst- und Zweitstimmen im Wahlkreis sich unterschiedlich auf die Stimmendifferenzen der drei großen Parteien im Wahlkreis auswirkt.

Zuletzt werden in jede Gleichung Konstanten eingefügt. Die Konstanten dienen dazu, den Effekt unberücksichtigter Faktoren zu erfassen, die zu systematischen Unterschieden in den Stimmendifferenzen der Parteien führen. Ihnen kommt keine inhaltliche Bedeutung zu.[4] Zur Schätzung der Koeffizienten wird angenommen, dass die Stimmendifferenzen der Parteien von zufälligen Abweichungen behaftet sind.

Insgesamt ergibt sich das vollständige Modell als

$$C1 - C2 = \alpha_C + \beta_{SC}I_{SC} - \beta_{CS}I_{CS} + \beta_{PC}I_{PC} - \beta_{CP}I_{CP} + 0 + 0 + \gamma_C X + \ldots + \epsilon$$

$$S1 - S2 = \alpha_S - \beta_{SC}I_{SC} + \beta_{CS}I_{CS} + 0 + 0 - \beta_{SP}I_{SP} + \beta_{PS}I_{PS} + \gamma_S X + \ldots + \epsilon$$

$$P1 - P2 = \alpha_P + 0 + 0 - \beta_{PC}I_{PC} + \beta_{CP}I_{CP} + \beta_{SP}I_{SP} - \beta_{PS}I_{PS} + \gamma_P X + \ldots + \epsilon,$$

$$(5.4)$$

wobei der Einfachheit halber sämtliche oben genannte Drittvariablen (d. h. die Stimmendifferenzen von FDP, Grünen und sonstigen Parteien sowie die Differenz der gültigen Erst- und Zweitstimmen im Wahlkreis) in dem Spaltenvektor X und

---

[4] Eine alternative Schätzung eines Modells ohne Konstanten liefert substanziell gleiche Ergebnisse.

ihre jeweiligen parteispezifischen Koeffizienten in dem Zeilenvektor γ_i zusammengefasst werden und die oben beschriebene Modellierung von Erststimmen für den Amtsinhaber im Wahlkreis aus Platzgründen nicht explizit aufgeführt wurde. Dieses Gleichungeichungssystem kann mit der OLS-Methode geschätzt werden (vgl. Greene 2003, S. 343).

5.3 Daten

Erst- und Zweitstimmenergebnisse aller Parteien sowie gültige Stimmen im Wahlkreis wurden über das Online-Datenarchiv des Bundeswahlleiters bezogen.[5] Daten zur Amtsinhaberschaft bei den Bundestagswahlen 2005 und 2009 wurden durch einen Abgleich der zum Zeitpunkt der Wahl amtierenden Direktkandidaten[6] mit der Liste der Wahlbewerber für die jeweilige Bundestagswahl gewonnen (Statistisches Bundesamt 2005, 2009). Für die Bundestagswahlen 1994 und 1998 wird auf Daten zurückgegriffen, die von Jens Hainmueller und Holger Lutz Kern erhoben (vgl. Hainmueller und Kern 2008) und auf Anfrage großzügig zur Verfügung gestellt wurden. Für die Bundestagswahl 2002 sind Angaben zur Amtsinhaberschaft im Wahlkreis aufgrund der Neueinteilung vieler Wahlkreise nicht aussagekräftig und wurden deshalb nicht erhoben.

5.4 Ergebnisse

Tabelle 5.2 zeigt den geschätzten Einfluss der strategischen Situation im Wahlkreis auf die Differenz zwischen Erst- und Zweitstimmen von SPD, CDU und PDS/Linke. Die ersten sechs Zeilen zeigen die geschätzten Koeffizienten der strategischen Anreizvariablen. Ein positiver Koeffizient bedeutet, dass mit steigendem strategischem Anreiz mehr Wähler von ihrer bevorzugten Partei Abstand nehmen und ihre Erststimme statt dessen der zweitpräferierten Partei geben. Ein negativer

---

[5] Abgerufen unter: www.bundeswahlleiter.de/de/bundestagswahlen (letzter Zugriff: November 2014).

[6] Abgerufen über das Online-Abgeordnetenarchiv des deutschen Bundestages unter: www.bundestag.de/abgeordnete (letzter Zugriff: November 2014).

Koeffizient bedeutet dagegen, dass mit steigendem Anreiz weniger Wähler ihre zweitpräferierte Partei wählen, was offensichtlich der theoretischen Erwartung widerspricht.

Wie man anhand von Tab. 5.2 sieht, sind ostdeutsche Wähler empfänglich für strategische Anreize in ihrem Wahlkreis. Dies trifft vor allem auf Anhänger der PDS/Linke zu. Die Koeffizienten des strategischen Anreizes von PDS/Linke-Anhängern zur SPD zu wechseln sind durchweg positiv und von 1994 bis 2002 auch statistisch signifikant. Das bedeutet, wenn sich beispielsweise im Jahr 1998 der strategische Anreiz von der PDS zur SPD zu wechseln, um eine Einheit erhöht hat, dann hat die PDS im jeweiligen Wahlkreis durchschnittlich 462 Erststimmen verloren und die SPD 462 Erststimmen dazu gewonnen. Ähnliche, wenn auch geringere Effekte sehen wir für den Wechsel von der PDS zur CDU 1998 und 2002. Für 1994 und 2005 gibt es keine Indizien für strategische Wählerwanderungen zwischen PDS/Linke und CDU (die Koeffizienten sind beinahe null). Für 2009 ist der entsprechende Koeffizient stark negativ, aber nicht statistisch signifikant.

Weiterhin deuten die Ergebnisse darauf hin, dass 1998 und 2002 Erststimmen von der SPD zur CDU als auch zur PDS gewechselt sind, wenn die SPD schlechte Aussichten hatte, den Wahlkreis zu gewinnen. Diese Ergebnisse sind allerdings unter Vorbehalt zu betrachten: Der strategische Anreiz von der SPD zu einer anderen Partei zu wechseln, ist nur sehr selten positiv, da die SPD bei beiden Wahlen im Wahlkreis fast immer an erster oder zweiter Stelle lag; und wenn der Anreiz positiv ist, so fällt er sehr schwach aus. Die sehr großen geschätzten Koeffizienten korrespondieren daher nur mit relativ geringen Wählerwanderungen (wie wir im nächsten Abschnitt sehen werden). Dazu basieren sie auf nur sehr wenigen Beobachtungen, was die Gefahr des ‚overfitting' mit sich bringt. Auch der negative und statistisch signifikante Koeffizient für den Anreiz bei der Bundestagswahl 1994 von der SPD zur PDS zu wechseln, basiert auf nur wenigen Beobachtungen und ist insofern nur unter Vorbehalt zu interpretieren.[7] Am ehesten gerechtfertigt erscheint die Schlussfolgerung, dass bei der Bundestagswahl 2009 strategische Erststimmen von der SPD zur CDU gewechselt sind, wenn die SPD keine Chance auf den Sieg im Wahlkreis hatte, was in dieser Wahl häufiger vorkam als in allen früheren Wahlen.

---

[7] Man könnte argumentieren, dass keine Koeffizienten geschätzt werden sollten, für deren Identifikation nicht genug Variation in den Daten vorhanden ist. Unter dieser Sichtweise könnte man einige der strategischen Anreizvariablen aus dem Modell entfernen. Aus Gründen der Transparenz wird eine solche, letztlich willkürliche, Entscheidung nicht vorgenommen und die Ergebnisse so berichtet, wie sie sich aus den Daten ergeben.

Tab. 5.2 Strategisches Wählen in Ostdeutschland. Geschätzte Modellkoeffizienten

	1994	1998	2002	2005	2009
Strategisches Wählen					
PDS/Linke zu SPD	303,65*	462,08*	405,12*	394,67	3062,44
	(81,69)	(164,27)	(185,92)	(351,13)	(2883.27)
PDS/Linke zu CDU	−31,25	265,71*	239,02*	22,39	−2010,85
	(63,18)	(101,53)	(95,31)	(212,57)	(1563,81)
SPD zu CDU	723,91	13606,54*	430843,22*	486,38	387,17*
	(515.53)	(4338,22)	(154014,68)	(401,99)	(167,32)
SPD zu PDS/Linke	−1388,53*	10648718,00*	5146369,20*	373,65	114,35
	(493,05)	(611451,54)	(2239779,20)	(223,94)	(183,03)
CDU zu SPD	−275,5	−1349,51*	−608,06*	−1270,39*	592,4
	(297,26)	(294,33)	(295,41)	(432,5)	(530,55)
CDU zu PDS/Linke	1231,41*	1517,41*	950,02*	1827,02*	−67,69
	(280,56)	(157,92)	(287,15)	(509,65)	(477,98)
Amtsinhaberbonus					
CDU von SPD	295,72	2088,19*		2102,55*	1413,94*
	(419,31)	(523,61)		(823,87)	(579,50)
CDU von PDS/Linke	291,65	−1448,31*		−90,37	−264,97
	(379,02)	(471,54)		(726,52)	(954,99)
SPD von CDU	883,87	453,53		1168,84*	935,99
	(514,97)	(555,04)		(506,73)	(494,46)
SPD von PDS/Linke	186,77	−589,6		320,77	303,63
	(834,55)	(576,83)		(698,37)	(773,86)
PDS von CDU		3409,31*		−398,64	1880,7*
		(1410,94)		(794,17)	(687,88)
PDS von SPD		−2711,1		−57,46	6984,36*
		(2354,06)		(3822,86)	(1693,37)
Zusammenhang der Stimmendifferenzen					
Grüne und SPD	−0,52*	−0,88*	−0,57	−0,62*	−0,58*
	(0,12)	(0,22)	(0,30)	(0,11)	(0,21)
Grüne und CDU	−0,33*	−0,26	−0,01	−0,09	0,04
	(0,09)	(0,20)	(0,16)	(0,12)	(0,28)

Tab. 5.2 (Fortsetzung)

	1994	1998	2002	2005	2009
Grüne und PDS/Linke	−0,15	0,14	−0,42*	−0,29*	−0,45
	(0,10)	(0,16)	(0,19)	(0,11)	(0,30)
FDP und SPD	−0,22	−0,16	−0,14	−0,05	0,24
	(0,20)	(0,25)	(0,39)	(0,13)	(0,20)
FDP und CDU	−0,72*	−0,78*	−0,81*	−0,87*	−1,27*
	(0,12)	(0,24)	(0,24)	(0,15)	(0,19)
FDP und PDS/Linke	−0,06	−0,05	−0,05	−0,09	0,03
	(0,16)	(0,22)	(0,23)	(0,13)	(0,21)
Sonstige und SPD	−0,19	−0,34*	−0,50	−0,28	−0,46*
	(0,24)	(0,12)	(0,27)	(0,18)	(0,20)
Sonstige und CDU	−0,53*	−0,45*	−0,46*	−0,36*	−0,27
	(0,16)	(0,11)	(0,18)	(0,11)	(0,20)
Sonstige und PDS/Linke	−0,28	−0,21*	−0,04	−0,37*	−0,27
	(0,21)	(0,09)	(0,13)	(0,14)	(0,23)
Gültige und SPD	0,35	1,08	1,30	−0,95	2,45
	(1,18)	(0,69)	(1,69)	(2,26)	(1,60)
Gültige und CDU	−0,25	0,46	1,31	2,02	0,70
	(0,76)	(0,46)	(1,13)	(1,11)	(1,51)
Gültige und PDS/Linke	0,91	−0,54	−1,60	−0,07	−2,15
	(0,97)	(0,53)	(0,94)	(1,97)	(1,66)
Konstanten					
SPD	−1085,18	1634,00*	−4344,92*	626,75	4106,8*
	(758,86)	(652,96)	(1225,88)	(1238,19)	(1469,45)
CDU	−104,46	−1042,43	255,74	1624,33	−2530,75*
	(460,35)	(723,43)	(722,84)	(857,13)	(936,18)
PDS/Linke	1189,63	−591,58	4089,18*	−2251,08*	−1576,05
	(754,67)	(682,53)	(657,70)	(1135,53)	(1234,36)
R^2	0,68	0,89	0,76	0,89	0,84
N	213	210	171	168	159
Wahlkreise	71	70	57	56	53

Tabelleneinträge sind OLS-Koeffizienten (Standardfehler in Klammern) Standardfehler korrigiert für Abhängigkeit innerhalb von Wahlkreisen
*$p < 0,05$ zweiseitig

Die geschätzten Koeffizienten für Stimmenwechsel zwischen CDU und SPD oder CDU und PDS/Linke fallen zweigeteilt aus. Erstere sind 1998, 2002 und 2005 negativ und statistisch signifikant, was eindeutig gegen strategische Wählerwanderungen spricht. Dagegen zeigen sich in allen Wahlen außer 2009 starke Anzeichen für strategische Erststimmen von CDU-Anhängern für die PDS/Linke. Auch diese Koeffizienten müssen mit Vorsicht interpretiert werden, da 1994 und 2002 die CDU nur in wenigen Wahlkreisen an dritter Stelle lag. Das gilt allerdings weniger für die Jahre 1998 und 2005, in denen es ebenfalls deutliche Anzeichen für strategische Stimmenwechsel zwischen CDU und PDS/Linke gibt.

Insgesamt gibt es für jede der fünf Bundestagswahlen Anzeichen von strategischem Wählen mit der Erststimme. Allerdings lässt sich strategisches Wählen bei den Bundestagswahlen 2005 und 2009 nicht mehr so klar nachweisen, wie bei vorangegangenen Wahlen. Hinsichtlich strategischer Wählerwanderungen erscheinen die Ergebnisse am verlässlichsten, die Stimmenwechsel von PDS/Linke zu einer der beiden anderen Parteien nahelegen. Um Stimmenwechsel von der SPD zu den beiden anderen Parteien zu identifizieren, reicht die Zahl entsprechender Fälle, außer im Jahr 2009, kaum aus. Die geschätzten Stimmenwechsel zwischen CDU und PDS sind bemerkenswert hoch, was sich nur zum Teil durch die geringe Fallzahl erklären lässt. Die geschätzten Stimmenwechsel zwischen CDU und SPD widersprechen insgesamt der theoretischen Erwartung und müssen, sofern es sich auch hier nicht um die Folge kleiner Fallzahlen handelt, als das Resultat anderer Prozesse gewertet werden.

Neben strategischen Erststimmen lassen sich auch persönliche Stimmen für den amtierenden Direktkandidaten identifizieren. In der siebten bis zwölften Zeile sind die geschätzten Erststimmen abgetragen, die der Direktkandidat im Wahlkreis seinen beiden größten Konkurrenten abgenommen hat. So hat 1998 beispielsweise der amtierende Direktkandidat der CDU dem Kandidaten der SPD im Durchschnitt 2088 Erststimmen abgenommen. Dieser Wert ist statistisch signifikant, ebenso wie die entsprechenden Werte in den Jahren 2005 und 2009. Von der PDS/Linken gingen in keiner der betrachteten Wahlen Erststimmen an den Amtsinhaber der CDU, oder jedenfalls nur dann, wenn dies auch durch strategische Überlegungen begründet werden kann (d. h., wenn die PDS/Linke im Wahlkreis gleichzeitig keine Aussicht auf den Sieg hatte). Im Jahr 1998 ist der Koeffizient negativ und signifikant, was darauf hindeutet, dass unter Kontrolle von strategischem Wählen, Amtsinhaber der CDU sogar Stimmen an Kandidaten der PDS/Linke verloren haben. Für Amtsinhaber von der SPD zeigt sich nur 2005 ein signifikanter Effekt. Hier haben Mandatsträger der SPD ihren Herausforderern von der CDU im Durchschnitt 1167 Erststimmen abgenommen. Zuletzt finden wir deutliche Amtsboni für Kandidaten der Linken im Jahr 2009 und, mit

Abstrichen, im Jahr 1998. Während 2009 Direktkandidaten der Linken vor allem ihren Herausforderern von der SPD viele Erststimmen (fast 7000 im Durchschnitt) abnehmen konnten, waren es 1998 Kandidaten der CDU, die Erststimmen an Mandatsträger der PDS verloren.

Die Stimmendifferenzen von Grünen, FDP und sonstigen Parteien zeigen insgesamt die erwarteten Effekte. Die Differenz der Erst- und Zweitstimmen der Grünen korreliert negativ und (außer im Jahr 2002) statistisch signifikant mit der Differenz der Erst- und Zweitstimmen der SPD. Eine Zunahme der Zweitstimmen gegenüber den Erststimmen für die Grünen geht also einher mit einer Abnahme der Erststimmen gegenüber den Zweitstimmen für die SPD; oder umgekehrt ausgedrückt: eine Abnahme der Erststimmen gegenüber den Zweitstimmen für die Grünen geht einher mit einer Zunahme der Erststimmen gegenüber den Zweitstimmen für die SPD. Der Zusammenhang lässt sich sowohl als strategisches Wählen mit der Erststimme von Grünen-Anhängern für die SPD deuten, wie auch als strategisches Wählen mit der Zweitstimme von SPD-Anhängern für den kleineren Koalitionspartner. Weiterhin zeigt die Stimmendifferenz der Grünen einen signifikanten negativen Effekt auf die Stimmendifferenz der CDU im Jahr 1994 und auf die Stimmendifferenz der PDS/Linken in den Jahren 2002 und 2005. Da CDU und PDS/Linke zu keiner der beiden Wahlen als Koalitionspartner der Grünen in Betracht kamen, lassen sich diese Effekte am ehesten als das Ergebnis strategischen Wählens von Anhängern der Grünen interpretieren, die ihre Erststimme im Wahlkreis nicht verschwenden möchten. Daneben könnten diese Effekte auch Kandidatenstimmen von Grünen-Anhängern für den Mandatsträger im Wahlkreis widerspiegeln.

Die Stimmendifferenzen der FDP korrelieren in jeder der betrachteten Wahlen negativ und signifikant mit den Stimmendifferenzen der CDU. Dies lässt sich sowohl als strategisches Wählen mit der Erststimme von FDP-Anhängern deuten, wie auch als strategisches Wählen mit der Zweitstimme von CDU-Anhängern für den kleineren Koalitionspartner. Die Stimmendifferenzen von SPD sowie von PDS/Linke zeigen keinen signifikanten Zusammenhang mit der Stimmendifferenz der FDP. Die Stimmendifferenzen aller sonstigen Parteien im Wahlkreis zeigen deutliche negative Zusammenhänge mit den Stimmendifferenzen der drei großen Parteien im Wahlkreis. In fast jeder Wahl wächst die Stimmendifferenz der CDU signifikant, wenn die Stimmendifferenz der sonstigen Parteien abnimmt. Die CDU profitiert somit am stärksten von den Erststimmen der Anhänger sonstiger Parteien. Die SPD profitiert in den Jahren 1998 und 2009 signifikant von den Erststimmen der Anhänger sonstiger Parteien und die PDS/Linke in den Jahren 1998 und 2005. Diese Effekte lassen sich erneut am ehesten durch strategisches Wählen mit der Erststimme erklären oder durch Kandidatenstimmen für den Amtsinhaber seitens Anhängern sonstiger Parteien.

Die Differenz der gültigen Erst- und Zweitstimmen im Wahlkreis zeigt in keiner der Wahlen einen signifikanten Effekt, was darauf hindeutet, dass ungültige oder fehlende Erst- bzw. Zweitstimmen weitgehend zufällig auftreten. Die Modellkonstanten sind überwiegend insignifikant. Ausnahmen sind etwa die Konstante der SPD 2002, die darauf hindeutet, dass die SPD nach Berücksichtigung aller oben genannten Faktoren in dieser Wahl bei der Zweitstimme insgesamt besser abschnitt als bei der Erststimme. Schließt man die Konstanten aus dem Modell aus, ändert dies nur sehr wenig an den Ergebnissen. Lediglich die Modellanpassung für die Wahl 2002 wird merklich schlechter (R^2=0,68) und der Koeffizient für strategische Wählerwanderungen von PDS zu SPD bei dieser Wahl wird beinahe null.

5.5 Strategische Wählerwanderungen in ostdeutschen Wahlkreisen

Nachdem wir nun wissen, dass in Ostdeutschland strategisch gewählt wird, stellt sich als nächstes die Frage, welche Parteien am meisten von strategischem Wählen profitierten? Tabelle 5.2 gibt über das Ausmaß strategischer Wählerwanderungen im Wahlkreis keinen Aufschluss, sondern lediglich darüber, ob es bedeutsame Wählerwanderungen zwischen Parteien gab. Auf der Basis der Ergebnisse in Tab. 5.2 werden deshalb für jeden Wahlkreis die vorhergesagten strategischen Wählerwanderungen zwischen den Parteien berechnet. Dazu werden für jeden Wahlkreis die geschätzten Koeffizienten mit dem Wert der jeweiligen Anreizvariable multipliziert. Für Fälle, in denen der geschätzte Koeffizient in Tab. 5.2 negativ ausfällt, werden keine strategischen Wählerwanderungen berechnet bzw. es wird angenommen, dass kein strategisches Wählen stattfand. Abbildungen 5.1 und 5.2 geben die vorhergesagten Wählerwanderungen wieder.

Offensichtlich gibt es für jede Partei sowohl Gewinne als auch Verluste, doch sind diese nicht gleich über alle Parteien verteilt. Insgesamt profitiert die SPD am meisten von strategischem Wählen. Vor allem in den Wahlen von 1994 bis 2005 gingen viele Stimmen von PDS-Anhängern in ostdeutschen Wahlkreisen an die SPD. Dies ist ein erster Hinweis darauf, dass PDS/Linke-Anhänger einen Einfluss auf die Sitzverteilung im Bundestag gehabt haben können.

Neben der SPD profitierte die CDU 1998 und 2002 ebenfalls von strategischen Erststimmen von PDS-Anhängern. Allerdings sieht man aus Abb. 5.1 deutlich,

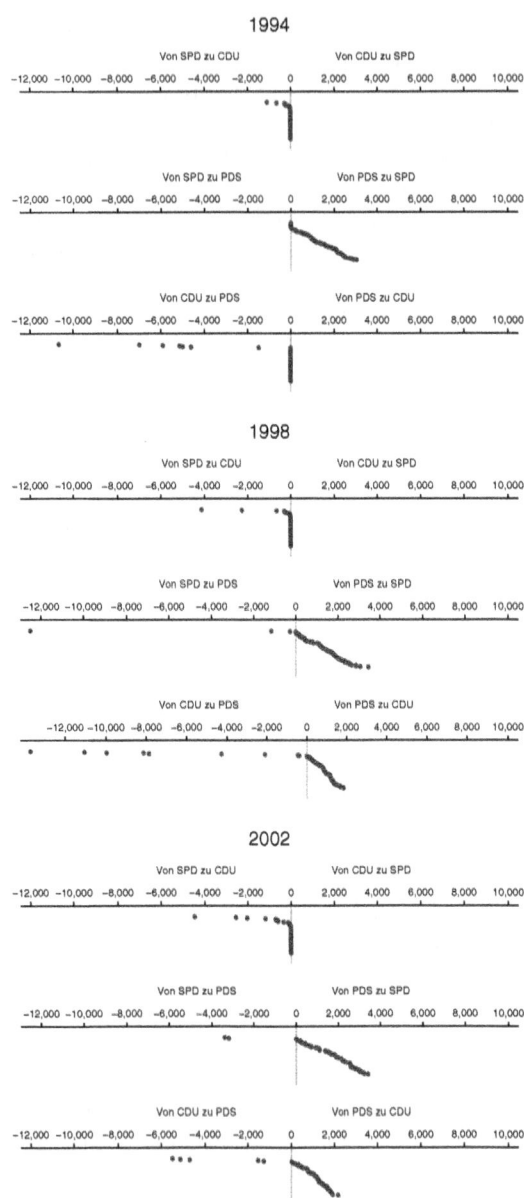

Abb. 5.1 Vorhergesagte strategische Wählerwanderungen 1994–2002

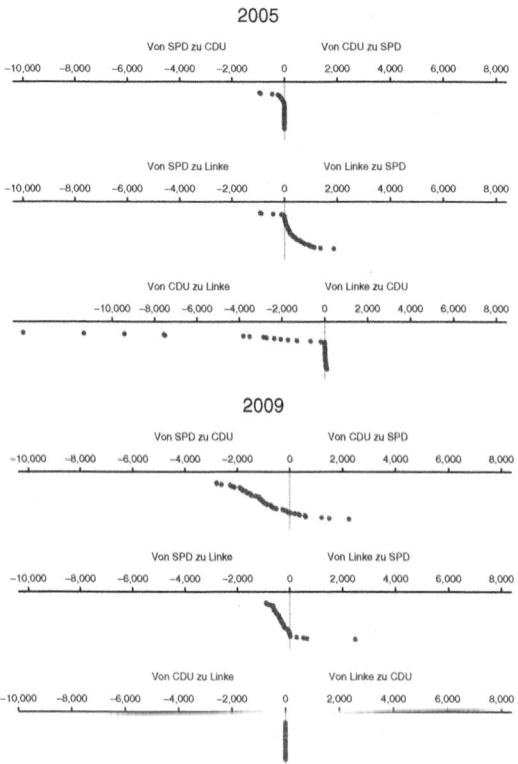

Abb. 5.2 Vorhergesagte strategische Wählerwanderungen 2005–2009

dass nur etwa halb so viele Erststimmen von PDS-Anhängern an die CDU gingen wie an die SPD. In Wahlkreisen, in denen SPD und CDU die ersten beiden Plätze belegten, halfen also strategische Erststimmen von PDS-Anhängern der SPD, ihren Vorsprung gegenüber der CDU ausbauen.

Im Jahr 2009 versiegen schließlich die strategischen Stimmen von Linke-Anhängern für SPD oder CDU. Statt dessen profitieren beide Parteien nun, je nach Wahlkreissituation, von den Erststimmen der Anhänger des gegnerischen Lagers. Nahezu alle strategischen Stimmentransfers zwischen SPD und Die Linke gingen 2009 zu Lasten der SPD. Insgesamt sind diese Verluste aber klein und, wie man anhand des Koeffizienten in Tab. 5.2 sehen kann, nicht statistisch signifikant.

Etwas überraschend entpuppt sich die PDS/Linke als ein weiterer Profiteur strategischen Wählens. Wann immer sie im Wahlkreis an aussichtsreicher Position liegt, gewinnt die PDS/Linke in allen Wahlen zwischen 1994 und 2005 massiv Erststimmen von der SPD und vor allem von der CDU. Die geschätzten Wählerwanderungen in diesen Wahlkreisen übersteigen deutlich die durchschnittlichen Stimmentransfers von PDS/Linke-Anhängern an die SPD oder die CDU in anderen Wahlkreisen.

Man sieht allerdings auch, dass Situationen, in denen SPD oder CDU nicht die beiden aussichtsreichsten Parteien (und somit die potentiellen Empfänger strategischer Stimmen) sind, eher selten auftreten. Besonders die SPD liegt zwischen 1994 und 2005 nur sehr selten an dritter Stelle: dreimal im Jahr 1998, zweimal im Jahr 2002, viermal im Jahr 2005 und 1994 gar nicht. Zur Schätzung der Wählerwanderungen liegt somit nur sehr wenig Information vor, was leicht zu einer Fehleinschätzung (hier: einer Überschätzung) des Ausmaßes strategischer Wählerwanderungen führen kann. Dasselbe gilt für Wählerwanderungen von CDU zu PDS/Linke. Nur in den Jahren 2005 und mit Einschränkung auch 1998 erscheint die Zahl der Wahlkreise, in denen die CDU keine Aussicht auf Erfolg hat, groß genug, um eine Schätzung strategischer Wählerwanderungen zu rechtfertigen.

Bevor wir uns der Frage nach der Entstehung von Überhangmandaten zuwenden, wollen wir noch einen Blick auf das gesamte Ausmaß strategischen Wählens in den einzelnen Wahlkreisen werfen. Dazu wird auf der Basis der in Abb. 5.1 und 5.2 dargestellten Stimmentransfers für jeden Wahlkreis die absolute Zahl von Wählern, die ihre Stimme einer anderen Partei als der bevorzugten geben, berechnet und diese dann ins Verhältnis zur Zahl der insgesamt im Wahlkreis abgegebenen Stimmen gesetzt. Die so vorhergesagten Anteile strategischer Wähler im Wahlkreis sind in Abb. 5.3 und 5.4 dargestellt.

Zunächst sieht man, dass es Varianz im Ausmaß strategischen Wählens über Wahlkreise hinweg gibt. Strategische Stimmen machen zwischen null und vier Prozent der abgegebenen Erststimmen im Wahlkreis aus. Darüber liegen nur einige Wahlkreise in Ostberlin, die von 1994 bis 2005 jeweils die Liste anführen. Dort schlagen sich vor allem die hohen geschätzten Stimmentransfers von CDU zu PDS/Linke nieder. Das durchschnittliche geschätzte Ausmaß strategischen Wählens liegt 1994 bei 1,5 %, 1998 bei 2,4 %, 2002 bei 2,3 %, 2005 bei 1,1 % und 2009 bei 1,2 %. Diese Zahlen bestätigen den Befund aus Kap. 4, wonach strategisches Wählen mit der Erststimme kein Massenphänomen darstellt. Dennoch können in einem knappen Rennen bereits ein paar Stimmen ausreichen um die Wahl zu entscheiden.

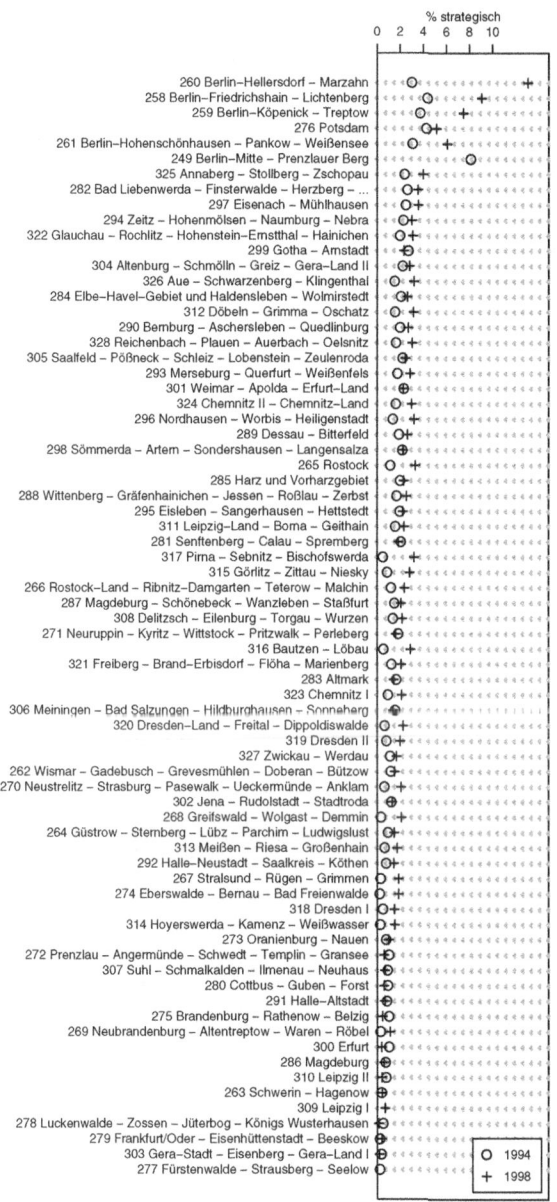

Abb. 5.3 Strategisches Wählen nach Wahlkreis 1994–1998

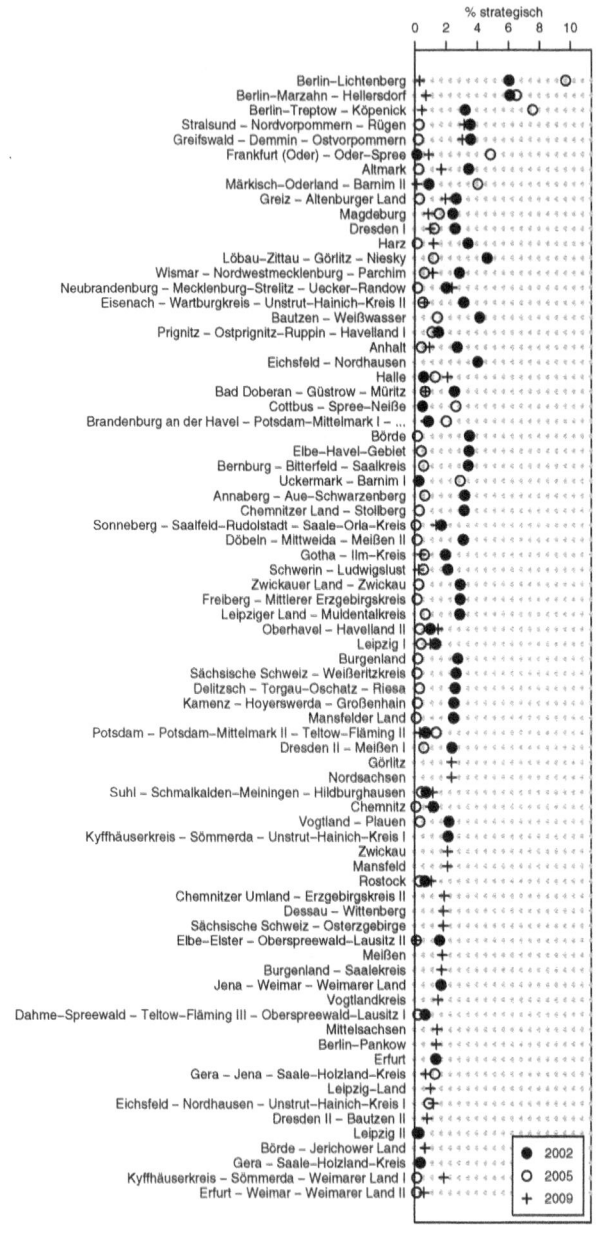

Abb. 5.4 Strategisches Wählen nach Wahlkreis 2002–2009

5.6 Strategisches Wählen und Überhangmandate

Zuletzt wenden wir uns dem Einfluss strategischen Wählens auf die Entstehung von Überhangmandaten zu. Die Frage ist, welche Direktmandate potentiell durch strategische Stimmen entschieden wurden. Dazu werden alle strategischen Stimmen, die eine Partei (SPD, CDU oder PDS/Linke) durch strategisches Wählen hinzu gewonnen hat, von ihrem Erststimmenergebnis im Wahlkreis abgezogen und alle Stimmen, die ihr durch strategisches Wählen verloren gingen, zu ihrem Erststimmenergebnis dazu gezählt. Ändert sich dadurch der Sieger im Wahlkreis, dann waren strategische Stimmen möglicherweise wahlentscheidend. Alle Wahlkreise, die dieses Kriterium erfüllen, sind in Tab. 5.3 aufgelistet.

Wie man sieht, gibt es eine ganze Reihe von Wahlkreisen, in denen strategische Stimmen entscheidend sein konnten. Von 1994 bis 2009 war dies immerhin sechzehn Mal der Fall. In den meisten dieser Wahlkreise belegten SPD und PDS/Linke die ersten beiden Plätze. Der Stimmenvorsprung des Siegers vor dem Zweitplatzierten ist in der sechsten Spalte angegeben. In den darauf folgenden Spalten sind die jeweils vorhergesagten strategischen Stimmentransfers zwischen den Parteien aufgeführt. In allen aufgeführten Wahlkreisen hätte ohne strategisches Wählen die zweitplatzierte Partei gewonnen.

Bei der Bundestagswahl 1994 gewann die SPD durch strategische Stimmen von PDS-Anhängern sehr wahrscheinlich einen Wahlkreis in Brandenburg und erzielte damit eines von insgesamt drei Überhangmandaten in diesem Bundesland.[8] Sie gewann zudem zwei Wahlkreise in Sachsen-Anhalt, die sonst an die CDU gegangen wären. Ohne strategische Stimmen für die SPD hätte die CDU dort zwei weitere Überhangmandate erzielt und wäre in Sachsen-Anhalt so auf insgesamt vier Überhangmandate gekommen. Die PDS gewann indes, aufgrund strategischer Stimmen von CDU-Anhängern, möglicherweise eines ihrer vier Direktmandate in Berlin. Die Grundmandatsklausel, die zur Sitzzuteilung nach dem Zweitstimmenanteil berechtigt, hätte sie aber auch ohne dieses vierte Mandat erfüllt. Insofern war ihre Sitzzahl im Parlament nicht direkt betroffen.

Für die Bundestagswahl 1998 deuten die Schätzungen darauf hin, dass die PDS drei ihrer vier Direktmandate strategischem Wählen von SPD- und CDU-Anhängern verdankt. Ohne diese Mandate hätte die PDS zwar nicht weniger Sitze im Bundestag erhalten. Aber die SPD hätte mit Siegen in diesen Wahlkreisen

---

[8] Angaben zur Zuteilung von Mandaten (einschl. Überhangmandaten) nach Ländern sind dem Online-Archiv des Bundeswahlleiters zu entnehmen: www.bundeswahlleiter.de/de/bundestagswahlen/fruehere_bundestagswahlen/ (zuletzt aufgerufen im November 2014).

Tab. 5.3 Wahlkreise in denen strategische Stimmen wahlentscheidend gewesen sein können

Jahr	Bundesland	Wahlkreis	Sieger	Zweiter	Stimmen-vorsprung	Strategisches Wählen[a]		
						C→S	P→S	P→C
1994	Berlin	Berlin-Mitte – Prenzlauer Berg	PDS	SPD	4483	0	0	−10667
1994	Brandenburg	Senftenberg – Calau – Spremberg	SPD	CDU	1461	0	2146	0
1994	Sachsen–Anhalt	Altmark	SPD	CDU	988	0	2133	0
1994	Sachsen–Anhalt	Halle-Altstadt	SPD	CDU	192	0	907	0
1998	Berlin	Berlin-Friedrichshain – Lichtenberg	PDS	SPD	14039	0	−271	−13744
1998	Berlin	Berlin-Hellersdorf – Marzahn	PDS	SPD	31656	0	−12512	−8132
1998	Berlin	Berlin-Hohenschönhausen – Pankow – Weißensee	PDS	SPD	3293	0	−1157	−9975
1998	Mecklenburg–Vorpommern	Rostock-Land – Ribnitz–Damgarten – Teterow – Malchin	SPD	CDU	408	0	1580	918
1998	Mecklenburg–Vorpommern	Neustrelitz – Strasburg – Pasewalk – Ueckermünde – Anklam	SPD	CDU	13	0	1427	821
2002	Berlin	Berlin-Lichtenberg	PDS	SPD	10201	0	−3207	−5491
2002	Berlin	Berlin-Marzahn – Hellersdorf	PDS	SPD	5666	0	−3395	−5133
2005	Berlin	Berlin-Treptow – Köpenick	PDS	SPD	10663	0	0	−11333
2009	Mecklenburg–Vorpommern	Neubrandenburg – Mecklenburg-Strelitz – Uecker-Randow	CDU	Linke	251	−2113	−627	
2009	Brandenburg	Prignitz – Ostprignitz-Ruppin – Havelland I	SPD	Linke	1334	1488	16	178
2009	Brandenburg	Potsdam – Potsdam-Mittelmark II – Teltow-Fläming II	SPD	Linke	205	573	10	66
2009	Thüringen	Sonneberg – Saalfeld-Rudolstadt – Saale-Orla-Kreis	CDU	Linke	906	−1535	−460	0

[a]Pfeile geben die Richtung strategischen Wählens an. Negative Werte sind zu lesen als strategisches Wählen in die andere Richtung

zwei Überhangmandate in Berlin erzielt. Statt dessen gewann sie in Mecklenburg-Vorpommern zwei Überhangmandate mit Hilfe strategischer Stimmen von PDS-Anhängern. Ohne strategisches Wählen wären diese beiden Überhangmandate entfallen.

Bei den Bundestagswahlen 2002 und 2005 scheinen erneut die Berliner Direktmandate von PDS/Linke durch strategische Erststimmen entscheidend beeinflusst worden zu sein. Nach Abzug strategischer Stimmentransfers hätte die SPD diese Wahlkreise gewonnen. Im Jahr 2002 hätte ihr das zwei weitere Überhangmandate eingebracht. Im Jahr 2005 wäre der Sieg ohne Folgen für die Sitzverteilung im Parlament geblieben.

Für die Bundestagswahl 2009 verschwinden schließlich die strategischen Erststimmen von und für die Linke. Statt dessen profitieren nun CDU und SPD von strategischen Stimmen aus dem jeweils anderen Lager in Wahlkreisen, in denen sie mit der Linken um den Sitz konkurrieren. Strategische Stimmen von SPD-Anhängern könnten der CDU in Mecklenburg-Vorpommern und Thüringen in je einem Wahlkreis zum Sieg über die Linke verholfen haben. Der CDU brachte dies zwei Überhangmandate ein, die ansonsten nicht angefallen wären. Umgekehrt sorgten strategische Stimmen von CDU-Anhängern in Brandenburg für zwei Siege der SPD über die Linke. Überhangmandate entstanden dadurch nicht und wären auch bei Siegen der Linken nicht entstanden.

Diese Ergebnisse stehen unter dem Vorbehalt, dass die geschätzten Wählerwanderungen von SPD- und CDU-Anhängern zur PDS/Linken nicht verzerrt sind. Da diese Schätzungen, wie bereits geschildert, auf wenigen Fällen beruhen, sind sie anfälliger für extreme Resultate als Schätzungen der Wählerwanderungen von PDS/Linke-Anhängern zu SPD bzw. CDU. Die in Tab. 5.3 dargestellten Stimmentransfers zu Gunsten der PDS/Linken in Berlin erscheinen unplausibel hoch. Andererseits lassen sich kaum Gründe für den Erfolg der PDS/Linken in Berlin finden, die nicht im Modell berücksichtigt wurden. Gänzlich verwerfen sollte man die Ergebnisse daher nicht. Zumindest in den Fällen, in denen der Stimmenvorsprung der PDS/Linken vierstellig bleibt, sollte man davon ausgehen, dass strategisches Wählen wahrscheinlich den Ausschlag gegeben hat.

5.7 Fazit

In diesem Kapitel wurde die Bedeutung strategischen Erststimmenwählens bei deutschen Bundestagswahlen untersucht. Eine Analyse der offiziellen Ergebnisse aller Wahlkreise in Ostdeutschland bei den Bundestagswahlen 1994 bis 2009 ergab, dass Wähler der strategischen Situation im Wahlkreis Beachtung schenken und ihr Stimmverhalten entsprechend anpassen. Das heißt Wähler, deren bevorzugte Partei schlechte Chancen auf den Wahlsieg hatte, wählten häufig das aus ihrer Sicht kleinere Übel unter den beiden aussichtsreichsten Parteien.

Am meisten profitierten davon die SPD und mit Einschränkung auch die PDS/Linke. Die CDU profitierte 1998, 2002 und 2009 von strategischen Stimmen, allerdings in geringerem Ausmaß als ihre beiden Konkurrenten. Die PDS/Linke verlor insgesamt die meisten Stimmen. Allerdings legen die Ergebnisse den Schluss nahe, dass in den Wahlkreisen, in denen sie Aussicht auf Erfolg hatte, mehr als alle anderen Parteien von strategischen Stimmen profitierte.[9] Im Einklang mit Schätzungen auf der Basis von Umfragedaten (vgl. Kap. 4) lag der Anteil strategischer Wähler in jeder Wahl zwischen 1 und 2,5 %. Trotz dieses geringen Ausmaßes konnte gezeigt werden, dass strategisches Wählen in der Vergangenheit sehr wahrscheinlich die Sitzverteilung im Bundestag beeinflusst hat.

Strategisches Wählen mit der Erststimme hat in jeder der betrachteten Wahlen, ausgenommen 2005, die Entstehung von Überhangmandaten entweder begünstigt oder verhindert. Dass Überhangmandate durch strategisches Wählen nicht nur erzeugt, sondern auch verhindert wurden, sollte uns davor bewahren, in strategischem Wählen mit der Erststimme eine der Hauptursachen für das Zustandekommen von Überhangmandaten zu sehen. Beispielsweise hätte die SPD 1998 ohne strategische Stimmen zwar zwei Überhangmandate weniger in Mecklenburg-Vorpommern gewonnen, dafür aber zwei Überhangmandate in Berlin erzielt. Im Jahr 1994 reduzierte strategisches Wählen sogar die Zahl der Überhangmandate. Ohne strategische Stimmen von PDS-Anhängern hätte die SPD ein Überhangmandat weniger erzielt, die CDU dafür zwei zusätzliche Überhangmandate gewonnen. Auch 2002 war die Bilanz negativ: Der SPD wären ohne strategisches Wählen in Berlin zwei Überhangmandate entstanden. Nur bei der Bundestagswahl 2009 führten strategische Erststimmen zu mehr Überhangmandaten. Hier gewann die CDU zwei zusätzliche Sitze, die ohne strategisches Wählen nicht angefallen wären.

Insgesamt zeigen die Ergebnisse, dass der Einfluss strategischen Wählens auf Wahlergebnisse nicht bloß hypothetisch ist. Kurzfristig auf den Ausgang der

---

[9] Ein ähnliches Ergebnis berichten Herrmann et al. (2014) für die britischen Unterhauswahlen 1997 und 2002: Die Liberaldemokraten verloren hier aufgrund von strategischem Wählen zwar insgesamt die meisten Stimmen. Gleichzeitig machten die Sitzgewinne, die sie durch strategische Stimmen von Labour-Anhängern und Konservativen in Wahlkreisen mit Gewinnaussicht verbuchen konnten, ihre Stimmenverluste in anderen Wahlkreisen mehr als wett (vgl. auch Myatt und Fisher 2002b; Kiewiet 2013).

Wahl hin orientierte Wähler können einen Unterschied machen. Dies muss aber nicht zwangsläufig zu ‚unfairen' oder ‚verzerrten' Wahlergebnissen führen. Durch strategische Erststimmen können, wie gezeigt, auch Überhangmandate verhindert werden. Die Hauptursachen für die Entstehung von Überhangmandaten bei vergangenen Wahlen sind daher an anderer Stelle zu suchen.

Literatur

Alvarez MR, Nagler J (2000) A new approach for modelling strategic voting in multiparty elections. British Journal of Political Science 30:57–75

Alvarez F, Boehmke FJ, Nagler J (2006) Strategic voting in British elections. Electoral Studies 25:1–19

Bawn K (1999) Voter responses to electoral complexity: Ticket splitting, rational voters and representation in the federal republic of Germany. British Journal of Political Science 29:487–505

Behnke J (2003) Ein integrales Modell zur Entstehung von Überhangmandaten. Politische Vierteljahresschrift 44(1):41–65

Behnke J (2007) The strange phenomenon of surplus seats in the German electoral system. German Politics 16(4):469–517

Black JH (1978) The multicandidate calculus of voting: Application to Canadian federal elections. American Journal of Political Science 22:609–638

Blais A, Nadeau R (1996) Measuring strategic voting: A two-step procedure. Electoral Studies 15:39–52

Blais A, Nadeau R, Gidengil E, Nevitte N (2001) Measuring strategic voting in multiparty plurality elections. Electoral Studies 20:343–352

Blais A, Young R, Turcotte M (2005) Direct or indirect? Assessing two approaches to the measurement of strategic voting. Electoral Studies 24:163–176

Butler DM (2009) A regression discontinuity design analysis of the incumbency advantage and tenure in the U.S. House. Electoral Studies 28:123–128

Cain BE (1978) Strategic voting in Britain. American Journal of Political Science 22:639–655

Cox GW (1997) Making Votes Count: Strategic Coordination in the World's Electoral Systems. Cambridge University Press, Cambridge

Fieldhouse EA, Pattie CJ, Johnston RJ (1996) Tactical voting and party constituency campaigning at the 1992 general election in England. British Journal of Political Science 26:403–439

Fisher SD (2004) Definition and measurement of tactical voting: The role of rational choice. British Journal of Political Science 34:125–166

Galbraith JW, Rae NC (1989) A test of the importance of tactical voting. British Journal of Political Science 19:126–136

Gelman A, King G (1990) Estimating incumbency advantage without bias. American Journal of Political Science 34(4):1142–64

Greene WH (2003) Econometric Analysis. Prentice Hall, New York

Gschwend T (2007) Ticket-splitting and strategic voting under mixed electoral rules: Evidence from Germany. European Journal of Political Research 46:1–23

Gschwend T, Johnston R, Pattie C (2003) Split-ticket patterns in mixed-member proportional election systems: Estimates and analyses of their spatial variation at the German federal election, 1998. British Journal of Political Science 33:109–27

Hainmueller J, Kern HL (2008) Incumbency as a source of spillover effects in mixed electoral systems: Evidence from a regression-discontinuity design. Electoral Studies 27:213–227

Heath A, Evans G (1994) Tactical voting: concepts, measurement and findings. British Journal of Political Science 24:557–561

Herrmann M (2010) Wenn Wenige den Ausschlag geben... Strategisches Erststimmenwählen bei deutschen Bundestagswahlen 1994–2009. Politische Vierteljahresschrift 51(4):665–689

Herrmann M (2012) Voter uncertainty and failure of Duverger's law: An empirical analysis. Public Choice 151:63–90

Herrmann M, Munzert S, Selb P (2014) Determining the impact of strategic voting on election results, Social Science Research Network. http://ssrn.com/abstract=2127621

Hoffman DT (1982) A model for strategic voting. SIAM Journal on Applied Mathematics 42(4):751–761

Johnston RJ, Pattie CJ (1991) Tactical voting in Great Britain 1983 and 1987: An alternative approach. British Journal of Political Science 21:95–108

Karp J, Vowles J, Banducci SA, Donovan T (2002) Strategic voting, party activists and candidate effects: Testing explanations for split voting in New Zealand's new mixed system. Electoral Studies pp 1–22

Katz JN, King G (1999) A statistical model for multiparty electoral data. American Political Science Review 93:15–32

Kiewiet RD (2013) The ecology of tactical voting in Britain. Journal of Elections, Public Opinion and Parties 23:86–110

Levitt SD, Wolfram CD (1997) Decomposing the sources of incumbency advantage in the U.S. House. Legislative Studies Quarterly 22:45–60

Lijphart A (1994) Electoral systems and party systems: a study of twenty-seven democracies, 1945 - 1990. Oxford University Press, Oxford

Myatt DP, Fisher SD (2002a) Everything is uncertain and uncertainty is everything, department of Economics Discussion Paper No. 115, University of Oxford

Myatt DP, Fisher SD (2002b) Tactical coordination in plurality electoral systems. Oxford Review of Economic Policy 18:504–522

Niemi RG, Whitten G, Franklin MN (1992) Constituency characteristics, individual characteristics and tactical voting in the 1987 British General Election. British Journal of Political Science 22:229–247

Ordeshook PC, Zeng L (1997) Rational voters and strategic voting: Evidence from the 1968, 1980 and 1992 elections. Journal of Theoretical Politics 9:167–187

Palfrey TR (1989) A mathematical proof of Duverger's law. In: Ordeshook PC (ed) Models of Strategic Choice in Politics, University of Michigan Press, Ann Arbor, pp 69–91

Reed SR (1990) Structure and behaviour: Extending Duverger's law to the Japanese case. British Journal of Political Science 20:335–356

Statistisches Bundesamt (2005) Die Wahlbewerber für die Wahl zum deutschen Bundestag. SFG, Servicecenter Fachverlag

Statistisches Bundesamt (2009) Die Wahlbewerber für die Wahl zum deutschen Bundestag. SFG, Servicecenter Fachverlag

Teil II
Zweitstimme

Das Kalkül des strategischen Koalitionswählens

6

Die Verhältniswahl wird, anders als die relative Mehrheitswahl, selten mit strategischem Wählen in Verbindung gebracht. Sitze im deutschen Bundestag werden proportional zur Zahl der gewonnenen Zweitstimmen vergeben. Jede Partei erhält dabei so viele Sitze, wie ihr anteilig an der Gesamtzahl der Zweitstimmen zustehen, vorausgesetzt sie gewinnt mindestens fünf Prozent aller Zweitstimmen oder drei Direktmandate. Da nicht ein einzelner Kandidat gewinnt, sondern jede Stimme zur Sitzzahl einer Partei beiträgt, besteht für den Wähler kein unmittelbarer Grund, sich auf eine der beiden führenden Parteien zu konzentrieren, um den Ausgang der Wahl zu beeinflussen. Die Chance, dass eine Stimme ausschlaggebend für den Gewinn eines weiteren Sitzes ist, ist für jede Partei gleich.[1]

Bisherige Studien zu strategischem Wählen mit der Zweitstimme stellen daher vor allem auf die Wirkung der Sperrklausel ab. Für einen Anhänger einer Partei etwa, die bei 2 % liegt, könnte es sich lohnen eine Partei zu wählen, die er zwar weniger präferiert, die dafür aber bessere Aussichten hat, ins Parlament einzuziehen. Dieses Ergebnis wäre besser, als wenn keine der beiden Parteien im Parlament vertreten wäre. Die dahinter stehende Logik ist der des strategischen Wählens unter relativer Mehrheitswahl sehr ähnlich: Entscheide dich für die

---

[1] Strenggenommen ist diese Chance auch unter Verhältniswahl nicht für jede Partei gleich, was vor allem dann eine Rolle spielt, wenn nur wenige Sitze im Wahlkreis vergeben werden (vgl. Cox 1994, 1997). In nationalen Wahlkreisen, wie in Deutschland und vielen anderen Ländern ist die Überlegung, zwischen welchen beiden Parteien es am ehesten zu einem Patt um den letzten zu vergebenden Sitz kommt, praktisch irrelevant (siehe hierzu Kap. 2).

© Springer Fachmedien Wiesbaden 2015
M. Herrmann, *Strategisches Wählen in Deutschland*,
DOI 10.1007/978-3-658-09051-7_6

bevorzugte Partei unter denjenigen, die am nächsten bei 5 % der Zweitstimmen liegen (d. h., bei denen die eigene Stimme am wahrscheinlichsten einen Unterschied machen wird). Evidenz für diese Art des strategischen Verhaltens liefern Meffert und Gschwend (2010).

Ein anderes bekanntes Beispiel sind die so genannten Leihstimmen: Ein CDU-Anhänger beispielsweise, der davon ausgeht, dass seine Partei keine absolute Mehrheit erringen, dafür aber eine Koalition mit der FDP eingehen wird, hat einen Anreiz, seine Stimme der FDP zu geben, sofern diese knapp an der 5 % Hürde zu scheitern droht. Der Grund hierfür ist einfach. Einige wenige Stimmen könnten den Ausschlag geben, ob die FDP in den Bundestag einzieht und eine Koalition zu Stande kommt oder nicht. Während eine Stimme für die CDU der Koalition höchstens einen zusätzlichen Sitz bescheren würde, könnte eine Stimme für die FDP der Koalition einen Zuwachs im zweistelligen Bereich sichern. Aus Sicht des Wählers würde also die Wahl der bevorzugten Alternative zu einem ungünstigeren Ergebnis (lediglich einem zusätzlichen Sitz für die gewünschte Koalition) führen, als die Wahl des Koalitionspartners. Belege für Leihstimmenwählen bei deutschen Bundestagswahlen liefern etwa Gschwend (2007), Pappi und Thurner (2002) und Shikano et al. (2009).

Man könnte nun meinen, dass ohne die Sperrklausel sämtliche skizzierten Anreize zu strategischem Wählen verschwinden sollten. Die folgende Analyse zeigt allerdings, dass dem nicht so ist. Auch unter Verhältniswahl gibt es Anreize strategisch zu wählen, wenn Wähler in Betracht ziehen, wie ihre Stimme die Mehrheitsverhältnisse im Parlament beeinflussen könnte. Präziser ausgedrückt gibt es auch unter der Verhältniswahl pivotale Situationen, in denen eine Stimme den Ausschlag für die Regierungsmehrheit einer Koalition geben kann. Entscheidend ist, dass in manchen dieser Situationen die Wahl einer bestimmten Koalitionspartei besser geeignet ist, als die Wahl der anderen Koalitionspartei.

Im Folgenden wird daher das Entscheidungsproblem des strategischen ‚Koalitionswählens' untersucht. Die Darstellung folgt Herrmann (2014). Gegenstand der Analyse ist ein Wähler, der sich vier oder mehr Parteien gegenüber sieht und der davon ausgeht, dass sich nach der Wahl eine linke, eine rechte oder eine große Koalition bilden könnte. Zur Regierungsbildung benötigt eine Koalition eine absolute Mehrheit der Sitze. Eine Sperrklausel für den Einzug ins Parlament gibt es nicht bzw. keine Partei droht an einer Sperrklausel zu scheitern. Ausgehend von dieser Situation werden das strategische Kalkül des Wählers und die optimale Entscheidungsregel abgeleitet. Anschließend wird gezeigt, wie die optimale Entscheidung des Wählers mit dem erwarteten Wahlergebnis variiert. Zuletzt wird gezeigt, dass Leihstimmen einen Spezialfall des Koalitionswählens darstellen, wenn der Wähler davon ausgeht, dass eine Partei an der Sperrklausel zu scheitern droht.

Die Analyse ergibt, dass der erwartete Vorsprung bzw. Rückstand der linken vor der rechten Koalition als Kriterium für eine optimale Wahlentscheidung ausreicht. Für Befürworter einer rot-grünen Koalition würde es sich demnach umso eher lohnen, die Grünen zu wählen, je weiter Rot-Grün in Umfragen vor Schwarz-Gelb liegt, denn dann ist die Chance groß, dass die Wahl in einer knappen Sitzverteilung endet, in der eine Stimme für die Grünen den Ausschlag gäbe. Umgekehrt wäre es für Befürworter einer schwarz-gelben Koalition in der gleichen Situation profitabel die CDU zu wählen, aufgrund der höheren Chance, dass die Wahl in Situationen endet, in der ihre Stimme entscheidend für das Zustandekommen einer großen Koalition ist (ein aus ihrer Sicht günstigeres Ergebnis als eine rot-grüne Koalition). Führt hingegen Schwarz-Gelb in Umfragen vor Rot-Grün, lohnt sich für Wähler im linken Lager eher die Wahl der SPD, für Wähler im bürgerlichen Lager dagegen die der FDP.

6.1 Bisherige Arbeiten

Theoretische Analysen zu strategischem Koalitionswählen sind rar. Die frühesten Arbeiten gehen auf Austen-Smith und Banks (1988) und Baron und Diermeier (2001) zurück. Beide präsentieren spieltheoretische Modelle, in denen Wähler durch strategische Stimmgebung den Koalitionsbildungsprozess beeinflussen. Eine Botschaft beider Modelle ist, dass Anhänger der schwächsten Partei einen Anreiz haben strategisch zu wählen, um zu beeinflussen, welche Partei die meisten Sitze erhält. Allerdings gilt diese Vorhersage nur im Rahmen eines Dreiparteiensystems und nur unter der Annahme, dass die schwächste Partei gewillt ist, mit jeder der beiden anderen Parteien eine Koalition einzugehen. Außerdem muss der stärksten Partei bei der Koalitionsbildung grundsätzlich das Initiativrecht zustehen. Weiterhin gehen beide Modelle von der Existenz einer Sperrklausel für den Parlamentseinzug aus.

Bargsted und Kedar (2009) argumentieren, dass Wähler, die eine bestimmte Regierung erwarten, sich für die ihnen nächstgelegene Partei im Regierungsbündnis entscheiden sollten, um die erwartete Regierungskoalition politisch zu ihren Gunsten ‚auszubalancieren'. Die Autoren belegen ihre Hypothese anhand von Analysen von Wahlverhalten und Koalitionserwartungen bei der israelischen Parlamentswahl 2006. Im Unterschied zur hier vorgestellten Theorie lassen Bargsted und Kedar (2009) Situationen außer Acht, in denen ein Wähler den Ausschlag für die Regierungsmehrheit einer Koalition geben kann. Diese Situationen treten zwar wesentlich seltener ein als Situationen, in denen eine Stimme einer der Parteien in der voraussichtlichen Regierung einen weiteren Sitz beschert. Aber da der politische Effekt einer Stimme in solchen Situationen um ein vielfaches größer ausfällt, können sie schwerlich ignoriert werden.

Duch et al. (2010) präsentieren eine Theorie des Koalitionswählens in Mehrparteiensystemen, in der Wähler die zukünftige Regierungspolitik antizipieren. Diese hängt von den ideologischen Positionen der Regierungsparteien ab, ihren Sitzstärken und der Wahrscheinlichkeit, dass das Regierungsbündnis zu Stande kommt. Wähler entscheiden sich dann für die Partei, deren zukünftige Regierungspolitik (gegeben alle möglichen Koalitionen, die die Partei eingehen könnte und ihre Stärke innerhalb dieser Koalitionen) ihrer ideologischen Position am nächsten kommt. Der wesentliche Unterschied zu dem hier verfolgten Ansatz ist, dass Wähler letztlich nicht den Einfluss ihrer Stimme auf das Wahlergebnis berücksichtigen.

Ein Koalitionswähler nach Duch et al. (2010) zieht den Einfluss einer Partei in allen Koalitionen in Betracht, die die Partei möglicherweise eingeht und wählt dann die Partei, die das Ergebnis im Durchschnitt am ehesten in seine Richtung bewegt. Die Logik des instrumentellen Wählens dessen, dass der Wähler die Partei wählen sollte, bei der der Gewinn eines weiteren Sitzes dazu führen würde, dass die Politikergebnisse aller Koalitionen, die diese Partei eingehen kann, im Durchschnitt näher an die Position des Wählers heran rücken. Während ein instrumenteller Wähler sich also fragt, wie seine Stimme das Wahlergebnis verändern würde, betrachtet ein Koalitionswähler nach Duch et al. (2010) lediglich den Zustand bevor er seine Stimme abgibt und stellt nicht den möglichen Einfluss seiner Stimme auf das Endergebnis in Rechnung. Dies ist keine Kritik an dem Ansatz der Autoren. Sie selbst stellen in ihrer Arbeit klar heraus, dass ihr Modell auf der Logik des ideologischen Wählens nach dem Nähemodell (Downs 1957; Grofman et al. 2004) beruht. Duch et al. (2010) bezeichnen Koalitionswählen auch nicht als strategisches Wählen. Das bedeutet aber, dass ihre Theorie keine Antwort auf die Frage gibt, welche Entscheidung für einen Wähler, der die Kräfteverhältnisse im Parlament zu seinen Gunsten zu beeinflussen sucht, optimal ist.

Linhart (2007) präsentiert erstmals ein allgemeines entscheidungstheoretisches Kalkül strategischen Koalitionswählens (vgl. auch Linhart 2009). Für die Bundestagswahl 2005 ermittelt er die optimalen Entscheidungen für Wähler mit unterschiedlichen politischen Standpunkten. Er zeigt außerdem, wie sich Anreize zum strategischen Wählen mit den Koalitionsaussagen der Parteien verändern. In ihrer Grundlogik gleicht Linharts Theorie der hier vorgestellten Theorie. Anders als Linhart (2007) arbeitet die folgende Analyse explizit die pivotalen Situationen heraus, auf denen die Entscheidung eines instrumentellen Wählers beruht. Anschließend zeigt sie, wie strategisches Wählen von den Wahrscheinlichkeiten dieser pivotalen Situationen abhängt und wie sich Anreize zu strategischem Wählen mit den Ergebnissen von Wahlprognosen ändern. Während Linhart von einer fixen Wahlprognose ausgeht und den Effekt unterschiedlicher Koalitionssignale studiert, liegt das Augenmerk hier auf dem Effekt unterschiedlicher Wahlprognosen auf strategisches Wählen. Ein weiterer Unterschied liegt in der Zahl der als möglich erachteten Koalitionen. Während Linhart auch Optionen in Betracht zieht, die im Bund bisher noch nie aufgetreten sind (z. B. Ampel- oder Jamaika-Koalition), basiert die folgende Analyse allein auf den Optionen: Rot-Grün, Schwarz-Gelb und große Koalition.

6.2 Das Entscheidungsproblem des Wählers

Gehen wir von einer einzelnen Politikdimension und einer geordneten Menge von Parteien, l, cl, cr und r aus, die jeweils eine linke, mitte-links, mitte-rechts und rechte Position vertreten. Es sei angenommen, dass neben diesen vier Parteien eine oder mehrere so genannte ‚andere‘ Parteien, zusammengefasst o, ins Parlament einziehen, aber nicht an der Koalitionsbildung beteiligt sein werden. Die Positionen dieser anderen Parteien spielen keine Rolle, aber wir nehmen an, dass einige (expressive) Wähler für sie stimmen, aus Gründen, die nichts mit dem politischen Ergebnis zu tun haben. Wie wir sehen werden, hängen die folgenden Ergebnisse nicht von der Existenz o's ab. Die Anwesenheit solcher kleinen, nicht koalitionsfähigen Parteien im Bundestag und deutschen Länderparlamenten, ebenso wie in vielen anderen parlamentarischen Demokratien mit Verhältniswahlrecht, legt es jedoch nahe, sie in die theoretische Analyse einzubeziehen.

Technisch ist die Anwesenheit von o vergleichbar mit einem Vierparteienparlament, das seine Entscheidungen mit qualifizierter Mehrheitsregel trifft: Sobald o mindestens einen Sitz gewinnt, benötigt wer auch immer regieren möchte mehr als die Hälfte der verbleibenden Sitze. Wie wir sehen werden, ändert die Existenz von o die Anzahl der Möglichkeiten, in denen eine einzelne Stimme entscheidend für die Bildung einer Parlamentsmehrheit sein kann. In Abschn. 6.5 wird gezeigt, dass wir zu ähnlichen inhaltliche Schlussfolgerungen kommen, wenn o aus dem Modell entfernt wird. Zur Vereinfachung der Darstellung (und in Analogie zu tatsächlichen Parlamenten) wird angenommen, dass o nur einen kleinen Teil der Sitze gewinnt. Abschn. 6.5 untersucht die Folgen einer Erhöhung von o's Sitzzahl und diskutiert ihre inhaltliche Relevanz.

Gegeben diese Ausgangslage, betrachten wir nun einen Wähler, der sich a priori sicher ist, dass keine Partei eine Sitzmehrheit erringen wird und der erwartet, dass das Ergebnis der Wahl eine der folgenden Mehrheitskoalitionen sein wird: Eine ‚linke‘ Koalition $L = \{l, cl\}$, eine ‚rechte‘ Koalition $R = \{r, cr\}$ oder eine ‚Mitte'-Koalition $M = \{cl, cr\}$. In der Terminologie der Literatur zur Kabinettsbildung wird davon ausgegangen, dass die Parteien verbundene minimale Gewinnkoalitionen (minimal winning, connected coalitions) bilden (vgl. z. B. de Swaan 1973).[2] Seien s_l, s_{cl}, s_{cr}, s_r und s_o die Sitzzahlen der einzelnen Parteien und sei $s_L = s_l + s_{cl}$, $s_M = s_{cl} + s_{cr}$ und $s_R = s_{cr} + s_r$. Die Anzahl der Sitze im Parlament sei $N = s_L + s_R + s_o$.

Gehen wir davon aus, dass der Wähler bei seiner Entscheidung nur in Betracht zieht, welche Koalition die nächste Regierung bilden wird und bezeichnen wir mit u_L, u_M und u_R den Nutzen, den der Wähler aus einer Regierung von L, M und R zieht. Dann lassen sich drei Typen von Wählern unterscheiden: Linke Wähler mit Präferenzordnung $u_L > u_M > u_R$, rechte Wähler mit Präferenzordnung $u_R > u_M > u_L$ und Mitte-Wähler mit Präferenzordnung $u_M > u_R = u_L$. Im Folgenden konzentrieren wir uns auf linke und Mitte-Wähler. Die Anreize für rechte Wähler sind, wie wir sehen werden, symmetrisch zu denen linker Wähler. Für linke Wähler läuft strategisches Wählen auf eine binäre Entscheidung zwischen l und cl hinaus, für rechte Wähler auf eine Entscheidung zwischen r und cr. Mitte-Wähler sehen sich anderen Anreizen gegenüber und werden gesondert behandelt.

Um einen Effekt auf den Ausgang der Wahl zu haben, muss der Wähler sich in einer Situation befinden, in der seine Stimme entscheidend ist. Eine solche Situation liegt vor, wenn eine zusätzliche Stimme eine Minderheitskoalition in eine Mehrheitskoalition verwandelt. Neben der Beeinflussung der Menge von Gewinnkoalitionen können wir uns im Prinzip auch andere Möglichkeiten vorstellen, wie eine einzelne Stimme in einer Verhältniswahl entscheidend werden könnte. Sie könnte beispielsweise den Ausschlag geben, welche Partei in einer Koalition die meisten Sitze gewinnt oder ob eine Koalitionspartei den entscheidenden Sitz erhält, der es ihr erlaubt ein weiteres Ministerium zu beanspruchen (unter der Annahme von Gamsons Gesetz). Im Folgenden bleiben solche zusätzlichen Überlegungen außen vor. Der Grund ist, dass die Machtverschiebung um einen Sitz innerhalb einer Koalition geringere politische Konsequenzen nach sich ziehen sollte, als die Schaffung bzw. Verhinderung einer Parlamentsmehrheit. Es wird daher angenommen, dass ein

---

[2] Jedes dieser Kriterien nimmt eine zentrale Stellung in der Literatur zur Regierungsbildung ein. Theoretische Begründungen finden sich, zum Beispiel in Riker (1962) und Axelrod (1970). Ähnliche Annahmen finden sich auch in der experimentellen Untersuchung von Goodin et al. (2007) zum Einfluss von Koalitionsvereinbarungen auf strategisches Wählen.

Tab. 6.1 Pivotale Situationen und Auszahlungen linker und Mitte-Wähler

Nr.	Pivotale Situation	Pivot Wahrsch.	Linker Wähler:[a] $u(cl) - u(l)$	Mitte-Wähler: $u(cl) - u(cr)$
1	$s_L = \frac{N}{2}\ s_M < \frac{N}{2}\ s_R < \frac{N}{2}$	p_1	0	$-\left(\frac{u_L+u_M}{2} - u_L\right)$
2	$s_L = \frac{N}{2}\ s_M > \frac{N}{2}\ s_R < \frac{N}{2}$	p_2	0	$-\left(u_M - \frac{u_L+u_M}{2}\right)$
3	$s_L < \frac{N}{2}\ s_M < \frac{N}{2}\ s_R = \frac{N}{2}$	p_3	0	$\frac{u_M+u_R}{2} - u_R$
4	$s_L < \frac{N}{2}\ s_M > \frac{N}{2}\ s_R = \frac{N}{2}$	p_4	0	$u_M - \frac{u_M+u_R}{2}$
5	$s_L < \frac{N}{2}\ s_M = \frac{N}{2}\ s_R < \frac{N}{2}$	p_5	$\pm\left(\frac{u_M}{2} - \frac{u_L+u_R}{4}\right)$	0
6	$s_L < \frac{N}{2}\ s_M = \frac{N}{2}\ s_R > \frac{N}{2}$	p_6	$\frac{u_M+u_R}{2} - u_R$	0
7	$s_L < \frac{N}{2}\ s_M = s_R = \frac{N}{2}$	p_7	$\pm\left(\frac{u_M}{2} - \frac{u_L+u_R}{4}\right)$	$u_M - \frac{u_M+u_R}{2}$
8	$s_L > \frac{N}{2}\ s_M = \frac{N}{2}\ s_R < \frac{N}{2}$	p_8	$-\left(u_L - \frac{u_L+u_M}{2}\right)$	0
9	$s_L = s_M = \frac{N}{2}\ s_R < \frac{N}{2}$	p_9	$-\left(u_L - \frac{u_L+u_M}{2}\right)$	$-\left(u_M - \frac{u_L+u_M}{2}\right)$
10	$s_L = s_R = \frac{N}{2}\ s_M < \frac{N}{2}$	p_{10}	0	b
11	$s_L = s_R = \frac{N}{2}\ s_M > \frac{N}{2}$	p_{11}	0	b
12	$s_L = s_M = s_R = \frac{N}{2}$	p_{12}	$-\left(u_L - \frac{u_L+u_M}{2}\right)$	0

[a] Auszahlungen aus der Sicht eines linken Wählers. Auszahlungen aus der Sicht eines rechten Wählers für die Wahl von cr anstelle von r erhält man durch Austausch von s_L und s_R in jeder pivotalen Situation und von u_L und u_R in jedem Auszahlungsterm
[b] In Situationen 10 und 11 ist es für einen Mitte-Wähler besser sich der Stimme zu enthalten, statt cl oder cr zu wählen. Die Stimmenthaltung ist profitabel in Situation 10, da der Wähler jede Dreiparteienkoalition, in der M immer enthalten wäre, gegenüber L oder R vorzieht

Wähler in erster Linie die Wirkung seiner Stimme auf die Menge möglicher Gewinnkoalitionen in Betracht zieht.[3]

Tabelle 6.1 zeigt alle Situationen, in denen ein Wähler entscheidend sein kann. Es gibt insgesamt zwölf solcher Situationen. Zur Erleichterung der Darstellung, abstrahieren wir von den Details der Umrechnung von Stimmen in Sitze. Um es aber klarzustellen: Eine pivotale Situation liegt immer dann vor, wenn die

---

[3] In der Literatur wird gelegentlich unterstellt, dass Wähler unter Verhältniswahl auch „selection pivotal" (Baron und Diermeier 2001) sein können oder „strategic sequencing" betreiben (Cox 1997). Beide Sichtweisen nehmen an, dass Wähler beeinflussen wollen, welche Partei den ersten Anlauf zur Bildung einer Regierung unternehmen darf (vgl. auch Indridason 2011). In Deutschland gibt es kein festes Protokoll, das vorschreibt, wer die Sondierungsgespräche eröffnet. Insofern erscheint es unplausibel anzunehmen, dass Wähler diesen Teil der Koalitionsbildung mit ihrer Stimme zu beeinflussen versuchen.

Zweitstimmen so verteilt sind, dass eine zusätzliche Stimme für eine bestimmte Partei zu einer Verschiebung eines Sitzes zugunsten der Koalition(en) führt, an denen die Partei beteiligt ist. Beispielsweise beschreiben die ersten beiden Zeilen Situationen, in denen L am Rande einer Mehrheit steht. Eine Stimme für l oder cl würde der Koalition eine Mehrheit verschaffen. R dagegen fehlt eine Mehrheit in beiden Situationen, während M einmal über eine Mehrheit verfügt (zweite Zeile) und einmal nicht (erste Zeile).

Betrachten wir nun einen linken Wähler. Aus einer Betrachtung aller pivotalen Situationen in Tab. 6.1 folgt, dass eine Stimme für r oder cr, ebenso wie eine Stimmenthaltung dominierte Strategien sind: Eine Stimme für r kann in keiner Situation zu einem besseren Ergebnis führen, eine Stimme für cr ist bestenfalls so gut wie eine Stimme für cl und eine Stimmenthaltung ist auch niemals besser als eine Stimme für l oder cl. So steht der Wähler effektiv einer binären Entscheidung zwischen l und cl gegenüber. In sechs der zwölf Situationen würde die Wahl von cl gegenüber l zum gleichen Ergebnis führen. Der Gewinn, den der Wähler in diesen Situationen aus der einen gegenüber der anderen Handlung zieht, ist null, wie in der vorletzten Spalte dargestellt. Relevant sind für die Entscheidung des Wählers nur die Situationen, in denen eine Stimme für cl oder l zu unterschiedlichen Ergebnissen und damit zu einer Änderung seines Nutzens führen würde. Bei der Ermittlung dieser Auszahlungen wurde so verfahren, dass wann immer eine Stimme das Ergebnis von einer möglichen Gewinnkoalition in zwei mögliche Gewinnkoalitionen ändert, das endgültige Ergebnis als unbestimmt angesehen und der Nutzen des Wählers über beide mögliche Regierungen gemittelt wurde. Intuitiv bedeutet dies, dass die bloße Existenz einer weiteren möglichen Gewinnkoalition, das Ergebnis aus der Sicht des Wählers besser oder schlechter als eine sichere Mehrheit einer einzigen Koalition macht, je nachdem, wie er eine solche sichere Koalition bewertet.

Eine Betrachtung der Auszahlungen eines linken Wählers zeigt, dass eine Stimme für cl in Situation 6 vorteilhaft ist, während eine Stimme für l in Situationen 8, 9 und 12 vorteilhaft ist. In Situationen 5 und 7 dagegen hängt die Auszahlung des Wählers davon ab, wie er eine M-Regierung gegenüber den anderen beiden Koalitionen bewertet. Das kommt daher, dass der Wähler entweder eine Regierungsmehrheit für M herbeiführen kann indem er für cl stimmt, oder eine Situation schaffen kann, in der keine Koalition eine Regierungsmehrheit hätte, indem er für l stimmt. Basierend auf der Annahme verbundener minimaler Gewinnkoalitionen wird in diesem Fall unterstellt, dass die beiden mittleren Parteien eine Dreierkoalition mit l oder r eingehen müssen. Unter den gegebenen Modellannahmen sollte der Nutzen des Wählers aus einer Dreiparteien-Regierung von l, cl und cr einen Wert zwischen u_L und u_M annehmen und der Nutzen einer Dreiparteien-

Regierung von cl, cr und r sollte einen Wert zwischen u_M und u_R annehmen. Der Einfachheit halber wird der Nutzen aus jeder Dreiparteien-Regierung als Durchschnitt der Nutzen der entsprechenden Zweiparteien-Regierungen definiert. Diese Annahme hat keinen Einfluss auf die Substanz der folgenden Schlussfolgerungen. Die Auszahlung aus einer Stimme für cl in Situationen 5 und 7 ergibt sich dann als $u_M - ((u_L + u_M)/2 + (u_M + u_R)/2)/2$, was nach Vereinfachung den Ausdruck in Tab. 6.1 ergibt. Die gleiche Auszahlung ergäbe sich, wenn man annehmen würde, dass die beiden mittleren Parteien anstelle einer Dreiparteien-Regierung eine Minderheitsregierung bilden, die von l und r mit gleicher Wahrscheinlichkeit gestützt wird. Man beachte, dass die Auszahlung einer Wahl von cl in Situationen 5 und 7 positiv ist für Wähler mit $u_M > (u_L + u_R)/2$, negativ für Wähler mit $u_M < (u_L + u_R)/2$ und ansonsten null.

Gegeben alle pivotalen Situationen und die entsprechenden Auszahlungen der Handlungsalternativen des Wählers, lässt sich die optimale Wahlregel eines linken Wähler wie folgt formulieren. Eine symmetrische Regel gilt für rechte Wähler.

Proposition 1 *Für einen linken Wähler sei $u_L = 1$ und $u_R = 0$, dann existiert ein Schwellenwert τ und ein strategischer Anreiz η, so dass der Wähler für Partei cl anstelle von l stimmt, wann immer $\eta > \tau$, mit $\tau = \frac{1-u_M}{u_M}$ und*

$$
\eta = \begin{cases}
\dfrac{(p_5+p_7)\left(1-\frac{1}{2u_M}\right)+p_6}{p_8+p_9+p_{12}} & \text{wenn } u_M > \frac{1}{2} \\[3ex]
\dfrac{p_6}{p_8+p_9+p_{12}} & \text{wenn } u_M = \frac{1}{2} \\[3ex]
\dfrac{p_6}{(p_5+p_7)\frac{1-2u_M}{2-2u_M}+p_8+p_9+p_{12}} & \text{wenn } u_M < \frac{1}{2}.
\end{cases}
$$

Ein Beweis von Proposition 1 findet sich in Anhang C. Es folgt aus Proposition 1, dass eine stärkere Präferenz für M die Schwelle des Wählers senkt und damit die Wahrscheinlichkeit der Wahl von cl erhöht. Da der strategische Anreiz ebenfalls von u_M abhängt, folgt, dass eine stärkere Präferenz für M ceteris paribus den Anreiz erhöht, cl anstelle von l zu wählen. Unter Konstanthaltung von u_M steigt der Anreiz für cl anstelle von l zu stimmen mit größerem p_6 und fällt mit größerem p_8, p_9 oder p_{12}. Mit anderen Worten, je eher die Wahl auf Situation 6 hinaus läuft, desto eher wird ein linker Wähler für cl stimmen; je eher die Wahl auf Situationen 8, 9, oder 12 hinaus läuft, desto eher wird ein linker Wähler für L stimmen. Die relativen Wahrscheinlichkeiten dieser Situationen lassen sich, wie in Abschn. 6.3 gezeigt wird, mit Hilfe von Wahlprognosen abschätzen.

Betrachten wir nun einen Mitte-Wähler. Offensichtlich ist es für ihn eine dominierte Strategie, für eine der beiden äußeren Parteien zu stimmen. Aber, wie in der letzten Spalte von Tab. 6.1 gezeigt, ist in sechs der zwölf pivotalen Situationen seine Auszahlung bei einer Wahl von cl anstelle von cr nicht null. Man beachte, dass bei der Bestimmung der Auszahlungen in Situationen 1 und 3 erneut angenommen wird, dass, wenn der Wähler keine Regierungsmehrheit für eine linke (bzw. rechte) Koalition herbei führt, die beiden mittleren Parteien eine Regierung mit entweder l oder r bilden werden. Wie oben wird der Nutzen des Wählers aus einem solchen Ergebnis als $((u_L + u_M)/2 + (u_M + u_R)/2)/2$ angenommen, was bedeutet, dass ein Mitte-Wähler jede Dreiparteien-Regierung einer Regierung von L oder R vorzieht. Die in Tab. 6.1 angegebenen Auszahlungen folgen aus der Bedingung $u_R = u_L$ für einen Mitte-Wähler.

Darüber hinaus gibt es in Tab. 6.1 zwei Situationen, in denen es für einen Mitte-Wähler besser wäre, sich der Stimme zu enthalten als eine mittlere Partei zu wählen: In Situation 11 würde eine Stimme für eine mittlere Partei die alleinige Regierungsmehrheit der präferierten Koalition zunichte machen; in Situation 10 würde es eine alleinige Regierungsmehrheit für eine ungeliebte Koalition schaffen, wohingegen die Parteien ansonsten gezwungen wären, entweder eine rechtsgerichtete oder eine linksgerichtete Dreiparteien-Regierung zu bilden.[4]

Gegeben diese drei Wahlmöglichkeiten lässt sich die optimale Wahlregel eines Mitte-Wählers wie folgt formulieren.

Proposition 2 *Für einen Mitte-Wähler sei $u_M = 1$ und $u_L = u_R = 0$.*

(a)Es existiert ein strategischer Anreiz υ, so dass der Wähler für Partei cl anstelle von Partei cr stimmt, wann immer $\upsilon > 1$, mit $\upsilon = \frac{p_3+p_4+p_7}{p_1+p_2+p_9}$.

---

[4] Statt Mitte-Wähler grundsätzlich als indifferent zwischen L und R anzusehen, könnte man auch annehmen, dass manche Mitte-Wähler L gegenüber R vorziehen und umgekehrt. Diese Möglichkeit wird in der vorliegenden Analyse zwar nicht explizit in Betracht gezogen. Wenn wir aber davon ausgehen, dass einige Mitte-Wähler nicht indifferent zwischen L und R sind, dann hingen die Auszahlungen dieser Wähler in Situationen 1, 3 und 10, wenn sie ihre Stimme cl geben, von der Stärke ihrer Präferenz für L gegenüber R ab. Für einen Mitte-Wähler, der beispielsweise L stark gegenüber R bevorzugt, könnte die Auszahlung in Situation 1 positiv werden. Auch in Situation 10 könnte ein Mitte-Wähler, der L stark gegenüber R bevorzugt es vorziehen, eine Regierungsmehrheit für L zu schaffen, anstelle einer Lotterie zwischen verschiedenen Dreiparteien-Regierungen. Diese zusätzlichen Möglichkeiten sollten allerdings nur geringe Auswirkungen auf die Reaktion von Mitte-Wählern auf Wahlumfragen haben (siehe Abschn. 6.3). Insbesondere Mitte-Wähler, die L stark gegenüber R (bzw. R gegenüber L) bevorzugen, würden für cl (bzw. cr) stimmen, aber nur, wenn sie erwarten, dass M weniger als die Hälfte der Sitze gewinnt (wie in den Situationen 1, 3 und 10). Bei deutschen Bundestagswahlen erscheint dieser Fall unwahrscheinlich. In allen anderen Fällen, d. h. wenn erwartet wird, dass M eine Mehrheit der Sitze gewinnt oder wenn die Präferenz des Mitte-Wählers zwischen L und R schwach ist, sollten die Vorhersagen die gleichen sein, wie für Mitte-Wähler, die zwischen L und R indifferent sind (siehe Abschn. 6.3).

(b)v ist das Kriterium für eine optimale Entscheidung, wann immer $\iota \leq 1$, mit $\iota = \frac{p_{10}+p_{11}}{p_5+p_6+p_7+p_8+p_9}$. Wann immer $\iota > 1$, ist es für den Wähler optimal sich zu enthalten.

Ein Beweis von Proposition 2 findet sich in Anhang C. Eine Betrachtung von Teil (b) in Proposition 2 zeigt, dass der Nenner von ι etwa $\Pr(s_m = N/2)$ entspricht, während der Zähler etwa $\Pr(s_L = s_R = N/2)$ entspricht. Ein Mitte-Wähler sollte sich daher der Stimme enthalten, wann immer die Wahl eher darauf hinausläuft, dass L und R jeweils die Hälfte der Sitze gewinnen, als dass M die Hälfte der Sitze gewinnt. Da Ersteres erfordert, dass o keine Sitze gewinnt (nur dann können L und R sämtliche Sitze auf sich vereinigen). Daraus folgt, dass die Stimmenthaltung nur unter bestimmten Umständen optimal sein kann. Die Entscheidungsregel in Teil (a) fußt dagegen auf einem Vergleich symmetrischer Situationen: 3, 4, und 7 gegenüber 1, 2 und 9. Wie wir sehen werden, macht dies die Wahl zwischen cl und cr recht einfach.

6.3 Der Einfluss von Wahlprognosen

Im Folgenden wird gezeigt, wie sich die in Propositionen 1 und 2 identifizierten Anreize strategisch zu wählen mit den Ergebnissen von Wahlprognosen verändern. Wie wir gesehen haben, hängen Anreize zu strategischem Wählen von den relativen Wahrscheinlichkeiten unterschiedlicher pivotaler Situationen ab. Wahlumfragen liefern Prognosen des zu erwartenden Wahlausgangs und erlauben es dem Wähler somit, die Eintrittswahrscheinlichkeiten der verschiedenen pivotalen Situationen abzuschätzen. Sofern sich Wahlprognosen ändern (z. B. der erwartete Stimmenanteil von R sinkt) ändern sich auch die Wahrscheinlichkeiten mit der die verschiedenen pivotalen Situationen erwartet werden und folglich ändern sich auch die Anreize des Wählers strategisch zu stimmen. Man beachte, dass es hierbei nicht darauf ankommt, die Eintrittswahrscheinlichkeiten exakt zu bestimmen. Entscheidend ist lediglich die Frage, welche der für einen strategischen Wähler relevanten pivotalen Situationen eher eintreten werden. Wie wir sehen werden ist diese Frage mit Hilfe von Wahlprognosen nicht allzu schwer zu beantworten. Die zentrale Vorhersage, die in diesem Abschnitt herausgearbeitet wird ist, dass die Entscheidung linker Wähler zwischen cl und l ebenso wie die Entscheidung von Mitte-Wählern zwischen cl und cr letztlich nur von einer einzigen Größe abhängen, die sich leicht aus Wahlprognosen ablesen lässt: der Differenz in den erwarteten Sitzanteilen der linken und der rechten Koalition (L und R).

Zur Modellierung der Pivot-Wahrscheinlichkeiten wird auf die Multinomiale Verteilung zurück gegriffen. Das heißt, das Ergebnis der Wahl, also die Anzahl der Sitze der einzelnen Parteien im Parlament, wird als eine multinomiale Zufallsvariable mit Parametervektor π aufgefasst. Jedes Element π_j in diesem Vektor bezeichnet die Wahrscheinlichkeit, dass ein Sitz im Parlament an Partei j gehen wird. Da unter einem proportionalen Wahlrecht die voraussichtlichen Sitzanteile gleich den voraussichtlichen Stimmenanteilen der Parteien sind, liefern die in Wahlprognosen veröffentlichten Stimmenanteile somit Schätzwerte für π. Lemma 1 in Anhang C liefert die multinomialen Wahrscheinlichkeitsformeln aller zwölf pivotalen Situationen. Mit Hilfe von Lemma 1 ist es möglich, die optimale Wahlregel jedes Wählers unter jeder möglichen Wahlprognose zu bestimmen.

Um die Kernaussage dieses Abschnitts zu demonstrieren, betrachten wir eine Prognose, in der die erwarteten Sitzanteile wie folgt lauten: $\pi_l = 0,15$, $\pi_{cl} = 0,3$, $\pi_{cr} = 0,3$, $\pi_r = 0,15$ und $\pi_o = 0,1$. Betrachten wir nun die Veränderung in den strategischen Anreizen von linken und Mitte-Wählern, wenn die erwarteten Sitzanteile von L, M, R und o sich ändern – unter Konstanthaltung der jeweils anderen Sitzanteile. Seien $\pi_L = \pi_l + \pi_{cl}$, $\pi_M = \pi_{cl} + \pi_{cr}$, $\pi_R = \pi_{cr} + \pi_r$ die erwarteten Sitzanteile von L, M und R und sei $\delta = \pi_R - \pi_L$ der Unterschied in den erwarteten Sitzanteilen von R und L. Abbildung 6.1 zeigt die Kernaussagen des Modells. Man beachte, dass zur Erleichterung der Darstellung die strategischen Anreize und die Schwellenwerte der Wähler jeweils in logarithmierter Form dargestellt werden. Auf die Entscheidungsregel des Wählers hat diese Reskalierung natürlich keinen Einfluss.

Betrachten wir einen linken Wähler. Das obere linke Schaubild in Abb. 6.1 zeigt den Anreiz eines linken Wählers in Abhängigkeit von seiner Erwartung der relativen Stärke von R (der ungeliebten Regierungskoalition) im Vergleich zu L (der bevorzugten Regierungskoalition) und in Abhängigkeit von seiner relativen Präferenz für M. Das oben beschriebene Szenario entspricht einer Differenz von null zwischen den erwarteten Sitzstärken von L und R. Wie man sieht, steigt der Anreiz eines linken Wählers strategisch für cl zu stimmen mit der Differenz in den erwarteten Sitzstärken von R und L an, egal wie der Wähler seine zweitplatzierte Koalition M im Vergleich zu den beiden anderen bewertet.[5] Die anderen beiden Schaubilder in der oberen Zeile von Abb. 6.1 zeigen, dass für linke Wähler strategisches Wählen nicht von den erwarteten Sitzanteilen von M oder o abhängt.

---

[5] Man könnte auch betrachten, wie sich der strategische Anreiz mit der erwarteten Sitzstärke von L oder R verändert. Dabei zeigt sich, dass der Anreiz für eine mittlere Partei zu stimmen zunimmt, je höher der erwartete Sitzanteil der ungeliebten Koalition ausfällt. Wir konzentrieren uns hier auf die Differenz in den Sitzstärken, weil sie aus der Sicht des Wählers ein einfacheres Entscheidungskriterium liefert.

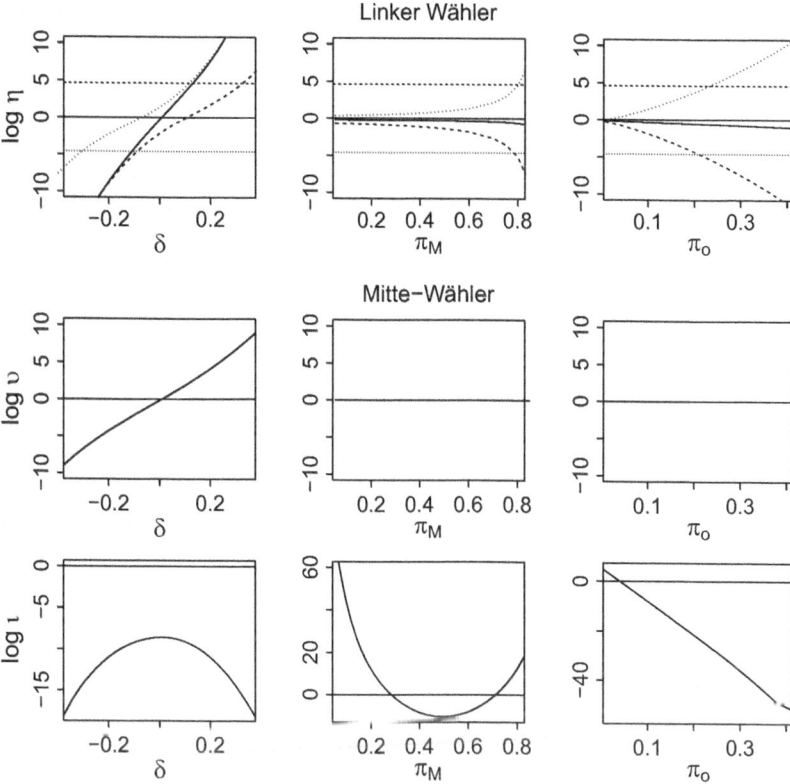

Abb. 6.1 Der strategische Anreiz linker und Mitte-Wähler in Abhängigkeit der erwarteten Sitzstärken von L, R, M und o. Zur besseren Darstellung wurde jede Anreizvariable und ihr dazugehöriger Schwellenwert logarithmiert. Im linken Schaubild gibt die x-Achse die Differenz in den erwarteten Sitzstärken von L und R wieder: $\delta = (\pi_r + \pi_{cr}) - (\pi_{cl} + \pi_l)$. Im mittleren Schaubild gibt die x-Achse die erwartete Sitzstärke von M an: $\pi_M = \pi_{cl} + \pi_{cr}$. Horizontale *Linien* in jedem der oberen Schaubilder zeigen die logarithmierten Schwellenwerte, τ, eines linken Wählers mit $u_M = 0,01$ (*unterbrochene Linie*), $u_M = 0,5$ (*durchgezogene Linie*) und $u_M = 0,99$ (*gepunktete Linie*) an. *Horizontale Linien* an der Stelle null zeigen in den übrigen Schaubildern den logarithmierten Schwellenwert eines Mitte-Wählers an

Zwar variiert der strategische Anreiz mit der Höhe von π_M oder π_o. Er kreuzt aber nie den Schwellenwert des Wählers und zieht somit keine Veränderung im Verhalten nach sich.

Wodurch kommt dieses Ergebnis zu Stande? Ein Blick auf Tab. 6.1 zeigt, dass in Situation 6, in der es günstig ist, die mittlere der beiden linken Parteien zu wählen, Koalition R mehr Sitze gewinnt als L. In Situationen 8, 9 und 12, in denen die Wahl der linken Partei optimal wäre, gewinnt Koalition R stets weniger Sitze als L. Daraus folgt, dass wann immer Koalition R in den Umfragen vor Koalition L liegt, Situation 6 mit größerer Wahrscheinlichkeit eintreten sollte als Situationen 8, 9 oder 12 (und umgekehrt). Das ist der Mechanismus hinter dem Zusammenhang in Abb. 6.1.

Am deutlichsten wird dies für einen Wähler mit $u_M = 0$. Für die anderen beiden dargestellten Wähler hängt die optimale Entscheidung zusätzlich von den Wahrscheinlichkeiten von Situationen 5 und 7 ab. Die Wahrscheinlichkeit von Situation 5 variiert allerdings nicht systematisch mit der erwarteten Sitzstärke von L oder R und hat daher auf den gezeigten Zusammenhang keinen Einfluss. Die Wahrscheinlichkeit von Situation 7 variiert mit den erwarteten Sitzstärken von L oder R, allerdings beeinflusst sie den strategischen Anreiz im Durchschnitt nur sehr geringfügig, da Situation 7, rein kombinatorisch, wesentlich unwahrscheinlicher ist als Situationen 6 oder 8. Die Wahrscheinlichkeiten von Situation 6 und 8 sind letztlich die Haupttriebkräfte hinter dem Ergebnis.

Die erwarteten Sitzstärken von M und o spielen für den strategischen Anreiz eines linken Wählers keine Rolle. Das liegt daran, dass eine Änderung in π_M oder π_o die Wahrscheinlichkeiten von Situationen 6, 8, 9 und 12 im Vergleich zueinander nicht verändert. Je näher beispielsweise der voraussichtliche Sitzanteil von M an 0,5 liegt, desto größer sind die Wahrscheinlichkeiten jeder dieser pivotalen Situationen. Die relative Wahrscheinlichkeit von Situation 6 im Vergleich zu Situationen 8, 9 oder 12 wird von den erwarteten Sitzstärken von M oder o jedoch nicht beeinflusst.

Was das Entscheidungsproblem eines Mitte-Wählers betrifft, so zeigt Abb. 6.1, dass v (der Anreiz cl anstelle von cr zu wählen) ebenfalls von der Differenz der erwarteten Sitzstärken von L und R abhängt. Der Grund hierfür ist der gleiche wie im Fall des linken Wählers: In Situationen 3, 4 und 7 gewinnt Koalition L weniger Sitze als Koalition R, während sie in Situationen 1, 2 und 9 mehr Sitze als Koalition R gewinnt.

Die Differenz der erwarteten Sitzanteile für L und R wirkt sich auch auf ι (den Anreiz des Wählers sich zu enthalten) aus. Dieser nimmt ab, je weniger die Wahlprognose auf eine Situation hindeuten, in der L und R jeweils genau die Hälfte der Sitze gewinnen. Der Grund warum der Anreiz den Schwellenwert für die Stimmenthaltung nicht überschreitet, liegt darin, dass in dem hier gewählten Beispiel der erwartete Sitzanteil von o auf 0,1 fixiert wurde. Das bedeutet, dass selbst im Fall eines erwarteten Gleichstands von L und R beide Koalitionen voraussichtlich weniger als die Hälfte der Sitze gewinnen werden – wenig genug, um den Anreiz zur Stimmenthaltung in diesem Beispiel strikt negativ zu halten. Angesichts der im vorigen Abschnitt gemachten Bemerkungen zu Proposition 2 überrascht es nicht, dass der Anreiz eines Mitte-Wählers zur Stimmenthaltung sich mit den erwarteten Sitzanteilen von M und o verändert. Dabei fällt ι umso größer aus, je unwahrscheinlicher es ist, dass M genau die Hälfte der Sitze im Parlament gewinnt. Weiterhin sinkt ι, je größer der erwartete Sitzanteil von o ausfällt.[6]

In einem letzten Schritt soll demonstriert werden, dass die oben dargestellten Zusammenhänge auch dann gültig sind, wenn wir andere erwartete Stimmenanteile der Parteien als die oben betrachteten zu Grunde legen. Hierzu wird auf Monte-Carlo-Simulationen zurück gegriffen. Die Vorgehensweise besteht darin, beliebige Wahlprognosen nach dem Zufallsprinzip zu generieren, für jede Prognose die strategischen Anreize von linken und Mitte-Wählern zu berechnen und diese anschließend gegen die oben identifizierten Einflussgrößen abzutragen. Im Durchschnitt sollten dann dieselben Muster auftreten, die in Abb. 6.1 zu sehen sind.[7]

Der Simulationsalgorithmus ist wie folgt:

1. Simuliere eine Wahlprognose (erwartete Sitzanteile aller fünf Parteien) durch Zufallsziehung aus einer uniformen Dirichletverteilung mit fünf Ergebniskategorien $\pi_l, \pi_{cl}, \pi_{cr}, \pi_r$ und π_o, vorbehaltlich der Einschränkung, dass jeder Sitzanteil 0,5 nicht überschreitet (d. h. eine Ziehung ist gültig, wenn die Werte aller Ergebniskategorien kleiner 0,5 sind; falls nicht, wird erneut gezogen),
2. Verwende Propositionen 1 und 2 in Verbindung mit Lemma 1 um die strategischen Anreize η, υ und ι basierend auf π und $N = 100$ zu berechnen (variiere dabei u_M für einen linken Wähler über den gesamten Bereich von 0 bis 1),
3. Beginne von vorn.

---

[6] In Abb. 6.1 wurde zur Darstellung des Effekts der erwarteten Sitzstärken von M oder o die erwartete Differenz der Sitzstärken von L und R auf null fixiert.

[7] Die Monte-Carlo-Simulation dient als Ersatz einer analytischen Differenzialrechnung. Angesichts des erheblichen Aufwands, den die Ableitung sämtlicher strategischer Anreize nach δ, π_M und π_o und die Bestimmung der Eigenschaften jeder dieser Ableitungen bedeutet, wird die einfachere, wenn auch weniger präzise Monte Carlo Lösung vorgezogen. Die Idee der Simulation besteht darin, dass bei völlig zufälliger Variation der Inputs die zu Grunde liegenden analytischen Zusammenhänge zwischen den Modellvariablen Trends bzw. Korrelationen in den simulierten Ergebnissen verursachen sollten.

Abbildung 6.2 fasst die Ergebnisse der Monte Carlo Simulation zusammen. Wie man sieht, steigen die strategischen Anreize linker und Mitte-Wähler im Durchschnitt monoton in δ an, nicht aber in den anderen beiden Einflussgrößen: Änderungen in π_M oder π_O zeigen im Durchschnitt keine einheitlichen Auswirkungen auf strategisches Abstimmen. Sie beeinflussen allerdings die Entscheidung eines Mitte-Wählers sich der Stimme zu enthalten. Letztere erweist sich im Durchschnitt als monoton steigend in δ, π_M und π_O. Die Bedeutung dieser Vorhersagen für strategisches Handeln werden jedoch durch die Tatsache eingeschränkt, dass trotz systematischer Variation, der Anreiz zur Stimmenthaltung nur in wenigen Fällen positiv ist.

Eine Betrachtung der drei unteren Schaubilder in Abb. 6.2 zeigt, dass keine der drei dargestellten Einflussgrößen für sich genommen ausreicht, um zu bestimmen, ob ein Mitte-Wähler sich der Stimme enthalten soll. Zwar sollte sich der Wähler für hohe Werte von $|\delta|$ sowie für Werte von π_M zwischen 0,3 und 0,7 nicht der Stimme enthalten, egal welchen Wert π_O annimmt. Andererseits bedeuten niedrige Werte von $|\delta|$ allein noch keinen positiven Anreiz, sich der Stimme zu enthalten. Tatsächlich hätte der Wähler in der Mehrzahl der Fälle noch einen Anreiz zu wählen. Ähnliches gilt für π_M: Solange Koalition M in Umfragen nicht kurz vor 0 oder kurz vor 100 % liegt, bleibt der Anreiz zur Stimmenthaltung negativ, selbst wenn ihr erwarteter Sitzanteil deutlich von 0,5 abweicht. Aussagen zur strategischen Stimmenthaltung können somit nicht auf der Basis von $|\delta|$, π_M oder π_O alleine gemacht werden. Während beispielsweise eine Verringerung in $|\delta|$ den Anreiz sich zu enthalten erhöht, würden wir dennoch in den meisten Fällen vorhersagen, dass ein Mitte-Wähler strategisch eine der beiden mittleren Parteien wählen sollte.

6.4   Wie verändert strategisches Wählen das Wahlergebnis?

Auf der Grundlage der vorangegangen Ergebnisse lässt sich abschätzen, wie strategisches Wählen das Ergebnis einer Wahl verändert. Dazu werden im Folgenden die Entscheidungen unterschiedlicher Wählergruppen gemeinsam betrachtet und die Möglichkeit in Betracht gezogen, dass die Entscheidungen einer Wählergruppe zu einer Veränderung in den Anreizstrukturen der anderen Gruppe führen kann. Es sei vorab angemerkt, dass die folgenden Überlegungen rein logischer Natur sind. Ihr Zweck besteht nicht darin, die tatsächlichen Dynamiken in den Umfragewerten von Parteien zu erklären, die wir vor einer Wahl beobachten. Vielmehr geht es darum zu verstehen, welche Dynamik und welche Veränderungen im

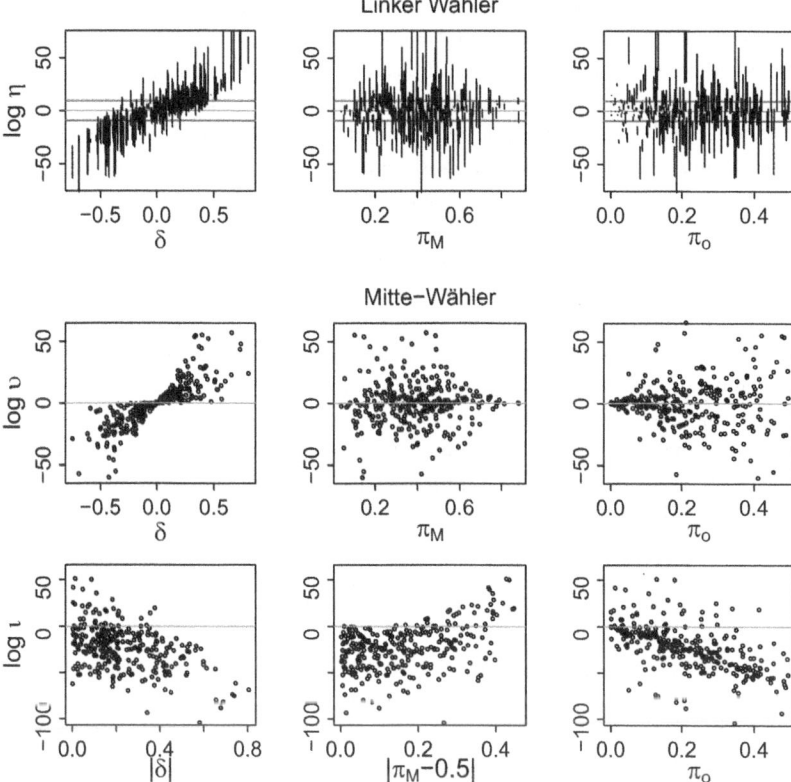

Abb. 6.2 Der strategische Anreiz linker und Mitte-Wähler in Abhängigkeit von $\delta = \pi_R - \pi_L$, π_M und π_o. Zur besseren Darstellung wurde jede Anreizvariable logarithmiert. Für einen linken Wähler gibt jede *vertikale Linie* den Wertebereich des strategischen Anreizes für alle möglichen Werte von u_M wider. Das untere Ende jeder Linie repräsentiert den strategischen Anreiz für $u_M = 0$, das obere Ende repräsentiert den strategischen Anreiz für $u_M = 1$. *Horizontale Linien* zeigen den logarithmierten Schwellenwert, τ, eines linken Wählers mit (von *oben* nach *unten*) $u_M = 0,0001$, $u_M = 0,5$ und $u_M = 0,9999$ an. Der logarithmierte Schwellenwert eines Mitte-Wählers ist durch eine horizontale Linie an der Stelle null gekennzeichnet. Vorhersagen basieren auf 300 simulierten Wahlergebnissen

Wahlergebnis zu erwarten wären, wenn Wähler strategisch denken. Der Einfachheit halber gehen wir davon aus, dass alle Wähler strategisch denken. Je kleiner der Anteil strategischer Wähler, desto weniger fallen die im folgenden skizzierten Dynamiken ins Gewicht.

Nehmen wir an, dass Wähler ihre (strategischen) Wahlabsichten in Vorwahlumfragen wahrheitsgemäß offen legen. Nehmen wir ferner an, dass in der ersten aller durchgeführten Umfragen vor der Wahl, sämtliche Wählertypen (linke, rechte und Mitte-Wähler) sich zufällig zwischen den beiden für sie in Frage kommenden Parteien entscheiden.[8] Drei relevante Szenarien lassen sich dann nach der ersten Wahlumfrage unterscheiden: beide Koalitionen liegen gleichauf; Koalition R liegt in den Umfragen vor Koalition L; dieselbe Situation unter umgekehrten Vorzeichen.

Das erste Szenario ist wenig interessant. Linke und rechte Wähler hätten in dieser Situation nur aufgrund ihrer relativen Präferenz für Koalition M einen Anreiz sich für die eine oder die andere für sie in Frage kommende Partei zu entscheiden. Mitte-Wähler hätten gar keinen klaren Handlungsanreiz, außer die Umfragewerte deuten darauf hin, dass Koalition M einen sehr großen (oder sehr kleinen) Sitzanteil gewinnt. Wäre dies der Fall, so würden sie sich bei der nächsten Umfrage der Stimme enthalten. Dies würde Koalition M entweder noch weiter schwächen oder, falls Koalition M nach der ersten Prognose als sehr stark angesehen wurde, ihren Zuspruch in der nächsten Wahlumfrage zumindest verringern. Der verringerte Zuspruch würde dann in der dritten Umfrage dazu führen, dass wieder einige dieser Mitte-Wähler einen positiven Anreiz haben, für eine der beiden mittleren Parteien zu stimmen. Die verbesserten Umfragewerte für M könnten einige Mitte-Wähler zur Stimmenthaltung bewegen, usw.

Gehen wir nun davon aus, die erste Umfrage zeigt einen Vorsprung der linken Koalition (eine analoge Überlegung gilt für den umgekehrten Fall). Einige linke Wähler würden dann strategisch von Partei cl zu Partei l wechseln und einige rechte Wähler würden von Partei r zu cr wechseln. Mitte-Wähler hingegen hätten einen Anreiz, für Partei cr zu stimmen.[9] Im Ergebnis würde die erwartete Differenz der Sitze zwischen L und R nach der zweiten Umfrage schrumpfen, was einige linke und rechte Wähler dazu bringen würde, ihre Entscheidungen zu revidieren, usw. Interessant an dieser Konstellation ist, dass Mitte-Wähler durch

---

[8] Die folgenden Überlegungen basieren auf der Annahme, dass Wähler sich bei ihrer Entscheidung nur an Wahlprognosen orientieren und nicht antizipieren, wie andere Wähler auf diese Prognosen reagieren.

[9] Enthaltung wäre für Mitte-Wähler nur dann eine Option, wenn Koalition M in den Umfragen sehr weit vorne (oder sehr weit hinten) läge und gleichzeitig das Ungleichgewicht zwischen L und R nicht zu groß wäre. Wäre dies der Fall, so wären die Folgen der Stimmenthaltung die gleichen wie im vorangegangenen Absatz dargestellt.

ihr strategisches Handeln das Ausmaß begrenzen, in dem linke und rechte Wähler für eine der beiden für sie in Frage kommenden Parteien stimmen.[10]

Ob dieser Zustand stabil ist oder sich nach der nächsten Umfrage erneut ändert, hinge davon ab, ob der Wechsel der Mitte-Wähler zu cr die Differenz zwischen π_L und π_R teilweise ausgleichen, vollständig ausgleichen oder umkehren würde. Ein teilweiser Ausgleich der Differenz würde einige – aber nicht alle – linke und rechte Wähler dazu bringen, ihre Entscheidungen aus der vorangegangenen Runde zu revidieren. Danach würde sich nichts mehr ändern, denn der Anreiz von Mitte-Wählern für cr zu stimmen, bliebe positiv. Das Ergebnis wäre ein Gleichgewichtszustand, in dem alle Parteien Stimmen gewinnen. Ein stabiler Gleichgewichtszustand würde auch dann resultieren, wenn Mitte-Wähler durch ihren Wechsel zu cr die Differenz zwischen L und R vollständig ausglichen. Bei einem Gleichstand von L und R wären Mitte-Wähler indifferent zwischen den beiden mittleren Parteien. Wenn wir annehmen, dass ein indifferenter Wähler bei seiner gewählten Partei bleibt, so ergäbe sich keine Änderung im Verhalten von Mitte-Wählern und folglich auch keine Änderung in der Differenz zwischen L und R in der nächsten Runde. Manche linke und rechte Wähler würden bei einem Gleichstand von L und R ihre Entscheidungen aus der vorangegangenen Runde revidieren, was aber keine Änderung in der Differenz zwischen π_L und π_R nach sich ziehen würde.[11]

Kein Gleichgewicht, sondern eine zyklische Folge von Zuständen wäre das Resultat, wenn Mitte-Wähler durch ihren Wechsel zu cr die Differenz zwischen L und R umkehren würden. In diesem Fall würden Mitte-Wähler in nachfolgenden Runden permanent zwischen cl und cr hin und her wechseln und dadurch in jeder Runde einige linke und rechte Wähler dazu bringen, ihre Entscheidung aus der vorangegangenen Runde zu revidieren.

Was diese skizzenhafte Darstellung nahelegt ist, dass strategisches Koalitionswählen auf längere Sicht zu keiner systematischen Bevorzugung bestimmter Parteien führen sollte, wie wir sie beispielsweise bei strategischem Wählen unter

---

[10] Die Auswirkungen strategischer Parteiwechsel seitens linker und rechter Wähler sind dagegen gering. Zum Einen beeinflussen sie lediglich die Umfragewerte von Koalition M. Zum Anderen heben sich Stimmenabgänge (seitens linker Wähler, die zu Partei l wechseln) und Stimmenzugänge (seitens rechter Wähler, die zu Partei cr wechseln) für Koalition M weitgehend auf. Letztlich hätte das strategische Verhalten linker und rechter Wähler nur dann einen Effekt auf die Entscheidung von Mitte-Wählern, wenn es den erwarteten Stimmenanteil von M auf ein Niveau bringen würde, bei dem Mitte-Wähler besser daran täten, sich der Stimme zu enthalten.

[11] Einige linke und rechte Wähler (diejenigen mit $u_M = 1/2$) wären bei einem Gleichstand von L und R indifferent zwischen den beiden für sie in Frage kommenden Parteien.

relativer Mehrheitswahl beobachten. Letzteres bevorzugt die beiden bestplatzier-
ten Parteien im Wahlkreis, welches in der Regel die beiden großen Parteien sind
(vgl. Cox 1997; Fey 1997; Palfrey 1989). Ebenso wenig sollte strategisches Koalitionswählen zu einer stärkeren oder geringeren ideologischen Polarisierung in
der Verteilung der Stimmen führen. Strategisches Wählen würde zu Wahlergebnissen führen, die recht ‚normal' aussehen, d. h. ähnlich wie wenn jeder Wähler
schlicht für seine bevorzugte Partei gestimmt hätte. Das macht es schwer, alleine
aus dem Zweitstimmenergebnis auf die Präsenz strategischen Koalitionswählens
zu schließen.

6.5 Gültigkeitsbereich der Aussagen

Angesichts der eingangs getroffenen Annahmen hinsichtlich der Zahl der Parteien
und der Art der Koalitionsbildung stellt sich die Frage, wie weit die abgeleiteten
Schlussfolgerungen tragen, wenn wir zentrale Modellparameter ändern. Betrachten wir zunächst, was passiert, wenn wir andere, nicht an der Koalitionsbildung
beteiligte Parteien aus dem Modell entfernen. Der folgende Satz zeigt, dass der
Anreiz von Mitte-Wählern zwischen den beiden mittleren Parteien zu wählen,
verschwindet. Im Vierparteienfall hat ein Mitte-Wähler nur einen Anreiz, sich
strategisch der Stimme zu enthalten oder nicht. Welche der mittleren Parteien
er wählt, ist egal. Die strategischen Anreize linker und rechter Wähler bleiben
dagegen erhalten.

Proposition 3 *Sei $\pi_o = s_o = 0$, dann gilt $\eta = \frac{p_6}{p_8+p_{12}}$ und $\iota = \frac{p_{10}+p_{11}}{p_6+p_8}$, mit*
$p_6 = \Pr\left(s_L < \frac{N}{2}, s_M = \frac{N}{2}, s_R > \frac{N}{2}, s_o = 0\right)$, $p_8 = \Pr\left(s_L > \frac{N}{2}, s_M = \frac{N}{2}, s_R < \frac{N}{2},\right.$
$\left. s_o = 0\right)$, *und* p_{10}, p_{11}, *und* p_{12} *wie in Lemma 1 angegeben. Mitte-Wähler
sind unter diesen Umständen indifferent zwischen cl und cr.*

Beweis Nach Lemma 1 folgt aus $s_o = 0$, dass $p_1 = p_2 = p_3 = p_4 = p_5 =$
$p_7 = p_9 = 0$. Die pivotalen Situationen 1 bis 5, sowie 7 und 9 (vgl. Tab. 6.1)
fallen somit aus dem Entscheidungskalkül heraus. Die Wahrscheinlichkeiten
p_6 und p_8 folgen direkt aus Lemma 1 nach Anwendung der Bedingung $k = 0$.
Da Situationen 7 und 9 unter Ausschluss von o nicht auftreten können, gibt
es für einen Mitte-Wähler keinen Grund mehr sich zwischen cl und cr zu
entscheiden.

Abbildung 6.3 zeigt, wie sich die Anreize zu strategischem Wählen im Vierparteienfall mit den Ergebnissen von Wahlprognosen verändern. Man sieht, dass η im

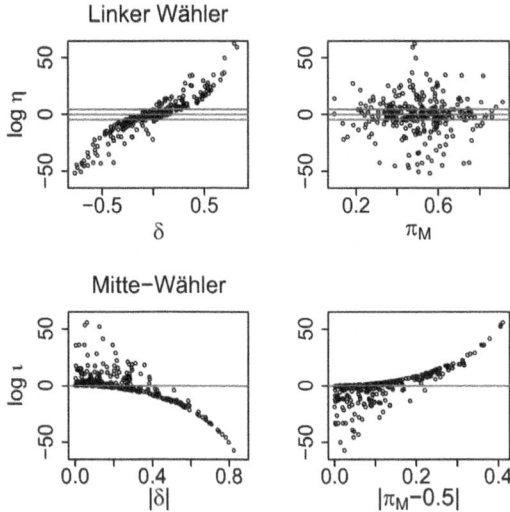

Abb. 6.3 Der strategische Anreiz linker und Mitte-Wähler in Abhängigkeit von δ und π_M. Nicht koalitionsfähige Parteien sind ausgeschlossen bzw. ihre Wahrscheinlichkeit auf einen Sitz ist null. Zur besseren Darstellung wurde jede Anreizvariable und ihr dazugehöriger Schwellenwert logarithmiert. In den oberen Schaubildern zeigen die *horizontalen Linien* die logarithmierten Schwellenwerte τ eines linken Wählers mit $u_M = 0,01, u_M = 0,5$ und $u_M = 0,99$ an. In den unteren Schaubildern ist der logarithmierte Schwellenwert eines Mitte-Wählers durch eine *horizontale Linie* an der Stelle null gekennzeichnet. Vorhersagen basieren auf 300 simulierten Wahlergebnissen

Durchschnitt mit δ ansteigt, aber nicht mit π_M. Weiterhin sinkt ι im Durchschnitt mit größerem $|\delta|$ und steigt mit größerem $|\pi_M - 0,5|$. Die übrigen Zusammenhänge sind die gleichen, wie in Abschn. 6.3 für den Fünfparteienfall dargestellt.

Als nächstes wollen wir überlegen, was passiert, wenn wir die Anzahl der nicht koalitionsfähigen Parteien im Parlament erhöhen. Eine Erhöhung von s_o macht eine Mehrheit für eine Zweiparteienkoalition weniger wahrscheinlich. Da in Ländern, in denen nicht koalitionsfähige Parteien viele Sitze erhalten (z. B. in Norwegen oder Israel), Koalitionen häufig mehr als zwei Parteien beinhalten und da eine solche Möglichkeit auch für Deutschland in naher Zukunft denkbar erscheint, wollen wir uns kurz mit der Möglichkeit auseinandersetzen, dass eine Regierungsmehrheit für jede Zweiparteienkoalition nicht zu erwarten ist. Ein Wähler der davon ausgeht, dass Parteien Dreierbündnisse schmieden müssen, sieht sich zwei möglichen Ergebnissen gegenüber: einer Koalition von l, cl und cr und einer Koalition von cl, cr und r. Ein linker Wähler würden ersteres und ein rechter Wäh-

ler zweiteres Bündnis bevorzugen. Ein Mitte-Wähler wäre indifferent zwischen
beiden Ergebnissen und hätte somit keinen Anreiz mehr, strategisch zu stimmen.
Angesichts der beiden möglichen Ergebnisse, besteht für einen linken Wähler
die einzige Möglichkeit für sich ein besseres Ergebnis zu erzielen darin, für l zu
stimmen. Für einen rechten Wähler besteht sie entsprechend darin, für r zu stimmen. Die Wahl von cl (bzw. cr für einen rechten Wähler) läuft immer auf die
Unterstützung beider Koalitionen hinaus. Für eine mittlere Partei zu stimmen ist
somit eine dominierte Strategie. Um dies zu zeigen, betrachten wir wieder alle
möglichen pivotalen Situationen. Es gibt fünf solcher Situationen: beide Dreierbündnisse könnten am Ende auf $N/2$ Sitze kommen; das linke Dreierbündnis
könnte bei $N/2$ enden und das rechte darüber; das rechte Dreierbündnis könnte
bei $N/2$ enden und das linke darüber; das linke Dreierbündnis könnte bei $N/2$
enden und das rechte darunter; und das rechte Dreierbündnis könnte bei $N/2$ enden und das linke darunter. In jedem Fall würde sich ein linker Wähler mit einer
Stimme für l mindestens so gut oder besser stellen als mit einer Stimme für cl.[12]
    Werden Dreierbündnisse wahrscheinlicher, so verschwindet der Anreiz eine
mittlere Partei zu wählen. Daher sollten höhere erwartete Sitzanteile für nicht
koalitionsfähige Parteien zu mehr Stimmen für Koalitionsparteien führen, die
weniger gemäßigte Positionen vertreten. Da nicht koalitionsfähige Parteien in tatsächlichen Wahlen oft nicht-gemäßigte bzw. extreme Positionen vertreten, würde
somit eine (exogen) steigende Unterstützung für solche Parteien zu strategischem
Koalitionswählen führen, das zu Lasten der gemäßigten Parteien geht – aber nicht
unbedingt zu Lasten ihrer weniger gemäßigten Koalitionspartner.
    Zum Abschluss sei die Annahme angesprochen, dass Parteien stets verbunde-
ne minimale Gewinnkoalitionen eingehen. Diese Annahme stellt in der Tat eine
Beschränkung dar, die keine Übertragung der Vorhersagen auf Fälle zulässt, in
denen Regierungen auf andere Art gebildet werden. Es sei jedoch angemerkt, dass
die hier vorgestellte Logik strategischen Wählens grundsätzlich auch mit anderen
Koalitionslagen vereinbar ist. Zum Beispiel sollte es möglich sein, eine ähnliche
Analyse unter der Annahme durchzuführen, Parteien würden nicht-verbundene
Regierungskoalitionen bilden. Nehmen wir zum Beispiel an, l ginge eine Ko-
alition mit cr statt cl ein. Dies würde andere pivotale Situationen und andere
Präferenzprofile der Wähler bedeuten. Trotzdem ließen sich strategische Anreize
und optimale Handlungsregeln in der gleichen Weise ableiten wie zuvor.

---

[12] In der letzten Situation würde eine Stimme für l dazu führen, dass keine der beiden
Koalitionen einen Mehrheit erhält. Ein linker Wähler würde ein solches Ergebnis gegenüber
einer Mehrheit des rechten Dreierbündnisses vorziehen, wenn wir davon ausgehen, dass alle
vier Parteien dann gemeinsam eine Regierung bilden werden.

Eine weitere Möglichkeit die gegenwärtige Analyse zu erweitern, bestünde darin, die Bildung von Minderheitsregierungen oder Überschusskoalitionen zuzulassen. Zum Beispiel könnte man davon ausgehen, dass die größte Partei eine Minderheitsregierung bilden wird, sofern sie die Medianposition im Parlament einnimmt (vgl. Laver und Schofield 1998); wenn nicht, bildet sich eine Mehrheitskoalition der Parteien zu ihrer Rechten (bzw. Linken). Überschusskoalitionen lassen sich durch die Annahme integrieren, eine Koalition benötigt mehr als eine bloße Mehrheit der Sitze, um zu regieren.

Die tiefere Einsicht der vorgelegten Analyse ist daher, dass Anreize zu strategischem Wählen entstehen, wann immer die Regierungsbildung nach der Wahl Situationen möglich macht, in denen *ein zusätzlicher Sitz für eine Partei die Anzahl möglicher Regierungen ändern würde*. Während das aktuelle Modell davon ausgeht, dass Parteien verbundene minimale Gewinnkoalitionen bilden, ist davon auszugehen, dass andere Formen der Regierungsbildung ebenfalls Anreize zum strategischen Wählen eröffnen.

6.6 Leihstimmen als Spezialfall des strategischen Koalitionswählens

Die hier vorgestellte Theorie strategischen Koalitionswählens hilft uns auch, das Phänomen der Leihstimmen besser zu verstehen. Wie eingangs des Kapitels dargestellt, kann es sich für einen CDU-Anhänger, der davon ausgeht, dass seine Partei zwar keine absolute Mehrheit erringen, dafür aber eine Koalition mit der FDP eingehen wird, lohnen, seine Stimme der FDP zu geben, wenn diese an der Fünf-Prozent-Hürde zu scheitern droht.[13]

Cox (1997, S. 197) bezeichnet diese Form des strategischen Wählens als „threshold insurance". Dahinter steht die Einsicht, dass eine große Partei ohne den kleineren Koalitionspartner oftmals nicht in der Lage sein wird, eine Regierungskoalition zu bilden. Für Anhänger großer Parteien würde dies entweder bedeuten, dass eine andere Koalition die Regierung stellen würde, an der die eigene Partei nicht beteiligt wäre, oder es würde bedeuten, dass die eigene Partei gezwungen wäre, eine aus Sicht ihrer Anhänger weniger günstige Koalition einzugehen (etwa mit einer ungeliebten dritten Partei, mit mehreren Parteien oder als Juniorpartner in einer großen Koalition).

---

[13] Dasselbe Argument gilt natürlich auch für SPD-Anhänger, die durch ein Ausscheiden der Grünen eine Rot-Grüne-Koalition in Gefahr sehen.

Ein Beispiel hierfür liefert die Bundestagswahl 2013. FDP und CDU kamen am Ende auf zusammen 46,3 % der Zweitstimmen – genug für eine schwarz-gelbe Mehrheit. Da die FDP die Sperrklausel knapp um 0,2 % (bzw. 102.810 Zweitstimmen) verpasste, kam es nicht dazu. Hätten nur etwa 0,7 % derjenigen, die am Wahltag der CDU ihre Zweitstimme gaben, strategisch für die FDP gestimmt, wäre die Regierungsbildung womöglich anders verlaufen. Ein zweites Beispiel liefert die Landtagswahl in Niedersachsen 2013. Hier lag die FDP in den Wahlprognosen bei nur fünf Prozent, erhielt am Wahltag aber fast doppelt so viele Zweitstimmen. Gleichzeitig verlor die CDU gegenüber ihren Umfragewerten am Wahltag etwa fünf Prozentpunkte. Letztlich verpassten CDU und FDP die erforderliche Regierungsmehrheit um einen einzigen Sitz. Beide Beispiele illustrieren das Potenzial des Leihstimmenwählens zur Beeinflussung der Mehrheitsverhältnisse, wenn die Sitzverteilung einer rechnerischen Sperrklausel unterliegt.

Leihstimmen lassen sich als Spezialfall des in diesem Kapitel studierten Entscheidungsproblems auffassen. Die bisherige Analyse hat gezeigt, dass Wähler Anreize zum strategischen Koalitionswählen besitzen, wenn keine Sperrklausel existiert. Im Folgenden wollen wir annehmen, dass eine Sperrklausel für den Parlamentseinzug existiert. Dazu definieren wir ε als den Anteil an der Gesamtstimmzahl, der notwendig ist, um ins Parlament einzuziehen. Weiterhin sei v_i die Zahl der Stimmen, die am Wahltag auf Partei $i \in \{l, cl, cr, r, o\}$ entfallen.

Betrachten wir einen rechten Wähler, der davon ausgeht, dass Parteien l, cl, cr und o sicher im Parlament vertreten sein werden, d. h. $v_j / \sum_i v_i > \epsilon$ für alle $j \in \{l, cl, cr, o\}$. Der Einzug von r erscheint ihm dagegen unsicher.[14] Wie bisher geht der Wähler davon aus, dass keine Partei genug Stimmen für eine alleinige Parlamentsmehrheit erhalten wird. Unter diesen Annahmen entfallen Situationen 10 bis 12 (vgl. Tab. 6.1). Diese Situationen erfordern, dass $s_o = 0$ und sind somit unvereinbar mit der Annahme, dass o sicher im Parlament vertreten sein wird.

Stattdessen gibt es nach Einführung einer Sperrklausel folgende neue pivotale Situation:

$$v_r = \left\lceil \varepsilon \sum_i v_i \right\rceil - 1, \, s_L < \frac{N}{2}, \, s_M > \frac{N}{2}, \, s_{cr} = \left[\frac{N}{1-\varepsilon} \left(\frac{1}{2} - \varepsilon + \frac{1}{N} \right), \frac{1}{N} - 1 \right], \, s_r = 0.$$

---

[14] Zieht man die Möglichkeit in Betracht, dass jede Partei an der Sperrklausel scheitern könnte, so würde dies die Zahl der theoretisch möglichen pivotalen Situationen natürlich erhöhen. Eine formale Darstellung aller pivotalen Situationen wäre aufgrund der Diskontinuität in der Umrechnung von Stimmen in Sitze erheblich aufwändiger. Zudem sind viele dieser Situationen im Kontext des deutschen Parteiensystems unwahrscheinlich genug, um vernachlässigt zu werden.

In dieser Situation fehlt Partei r genau eine Stimme zum Einzug ins Parlament (erste Bedingung).[15] Ihr Sitzanteil ist daher null (letzte Bedingung). Partei cr gewinnt in Abwesenheit von r mindestens so viele Sitze, dass Koalition R im Fall eines Einzugs von r eine Sitzmehrheit bekäme (vierte Bedingung; siehe Anhang C für eine Herleitung). Stimmt der Wähler in dieser Situation für Partei r, so schafft er damit eine Sitzverteilung bei der sowohl Koalition M als auch Koalition R über eine Mehrheit verfügen. Stimmt er dagegen für Partei cr, so schafft er eine Sitzverteilung bei der nur Koalition M über eine Mehrheit verfügt. Offensichtlich ist das erste Ergebnis für den rechten Wähler günstiger als das zweite. Konkret ist sein Gewinn aus der Wahl von r anstelle von cr gleich $(u_R - u_M)/2$. Die Wahl von Partei r wäre in der gegebenen Situation somit strikt vorzuziehen.

Zur Erläuterung der oben dargestellten Situation sei zunächst angemerkt, dass mit einer zusätzlichen Stimme für Partei r mindestens $\lfloor N\varepsilon \rfloor$ und höchstens $\lceil N\varepsilon \rceil$ Sitze im Parlament auf sie entfallen würden. Der genaue Wert hängt davon ab, wie viele Stimmen auf die übrigen Parteien entfallen und nach welchem Verfahren Stimmen in Sitze umgerechnet werden. Für unsere Zwecke genügt es, $N\varepsilon$ als Näherungswert für die tatsächliche Anzahl von Sitzen zu verwenden, die Partei bei r bei einem Parlamentseinzug gewinnen würde, wenn unser betrachteter Wähler für sie stimmt. Die Untergrenze in der vierten Bedingung gibt dann an, wie viele Sitze in einem Parlament, in dem nur l, cl, cr und o vertreten sind, mindestens auf Partei cr entfallen müssten, damit im Fall eines Einzugs von r mit $N\varepsilon$ Sitzen Koalition R eine Mehrheit der Sitze erhalten würde. Dabei wird der Tatsache Rechnung getragen, dass sich mit einem Einzug von r die Sitzzahl von cr (ebenso wie die jeder anderen Partei) um den Faktor $(1 - \varepsilon)$ reduziert. Eine Herleitung der Untergrenze findet sich in Anhang C. Die Obergrenze in Bedingung vier folgt schlicht aus der Annahme, dass keine Partei eine Sitzmehrheit gewinnt.

Bedingungen zwei und drei besagen, dass Koalition L vor dem Einzug von r weniger als die Hälfte und Koalition M mehr als die Hälfte der Sitze erhält. Man könnte nun fragen, ob es nicht auch Varianten der oben dargestellten pivotalen Situation gibt, in denen Bedingungen zwei oder drei anders lauten. Wäre es nicht ebenfalls möglich, dass der betrachtete Wähler für den Einzug von Partei r und die Parlamentsmehrheit für Koalition R entscheidend sein kann und gleichzeitig Koalition L auf eine Mehrheit der Sitze oder Koalition M auf keine Mehrheit der Sitze kommt? Die Antwort lautet nein. Wenn $L > N/2$ und wenn Parteien

---

[15] Die gebrochene Klammer in Bedingung eins bedeutet, dass Bruchteile stets aufgerundet werden.

l, cl, cr und o sicher im Parlament vertreten sind, dann gibt es keine Situation, in der der Gewinn von $N\varepsilon$ Sitzen für Partei r eine Mehrheit für R herbei führen kann. Dasselbe gilt für den Fall $M \leq N/2$. Ein Beweis findet sich in Anhang C. Daraus folgt, dass es unter den gegebenen Annahmen keine andere Situation gibt, in der eine Leihstimme profitabel wäre.

Diese Darstellung zeigt, dass sich das Problem des Leihstimmenwählens im Prinzip als Sonderfall des Entscheidungsproblems des strategischen Koalitionswählens auffassen lässt. Die Entscheidungssituation des Wählers ist die gleiche wie in den vorangegangenen Abschnitten. Es wurde lediglich eine Sperrklausel hinzugefügt und angenommen, dass eine der Parteien an der Sperrklausel zu scheitern droht. Im Ergebnis folgen daraus eine neue pivotale Situation und Handlungsanreize, die mit der Intuition des Leihstimmenwählens aus der Literatur (vgl. Cox 1997; Gschwend 2007; Pappi und Thurner 2002; Shikano et al. 2009) korrespondieren.

Die oben dargestellte pivotale Situation liefert zwei wesentliche Einsichten: Erstens gehen der Anreiz zu einer Leihstimme und die bisher identifizierten Anreize zu strategischem Koalitionswählen Hand in Hand. Wie wir in Abschn. 6.2 und 6.3 gesehen haben, ist es bei einer Führung von R vor L für einen rechten Wähler profitabel, seine Stimme Partei r anstelle von Partei cr zu geben. Die hier dargestellte pivotale Situation zeigt, dass sich eine Leihstimme nur lohnen kann, wenn Koalition L auf weniger Sitze kommt als Koalition R. Liegt Koalition R in Umfragen also vor Koalition L, so besitzt ein rechter Wähler einen Anreiz für r zu stimmen, egal ob diese durch die Sperrklausel gefährdet ist oder nicht. Liegt umgekehrt Koalition R in den Umfragen hinter Koalition L zurück, so wird die dargestellte Situation, in der eine Leihstimme profitabel wäre, zwangsläufig unwahrscheinlicher. Somit sinkt der Anreiz einer Leihstimme für r. Wie wir in Abschn. 6.2 und 6.3 gesehen haben, sinkt der Anreiz eines rechten Wählers für Partei r zu stimmen, auch wenn keine Partei von der Sperrklausel bedroht ist, je weiter Koalition R hinter Koalition L zurück liegt. Insofern tritt der Anreiz zu einer Leihstimme für r unter den selben Bedingungen auf, unter denen es auch ohne Sperrklausel für einen rechten Wähler profitabel wäre, strategisch für r zu stimmen. Die Möglichkeit des Scheiterns von r an der Sperrklausel hebt somit bisherige Anreize zu strategischem Koalitionswählen nicht auf, sondern verstärkt sie noch.

Zweitens zeigt die pivotale Situation, dass die Möglichkeit eines Scheiterns des kleinen Koalitionspartners an der Sperrklausel keine hinreichende Bedingung für eine Leihstimme darstellt. Eine Leihstimme ist nur profitabel, wenn Partei r knapp an der Sperrklausel zu scheitern droht und gleichzeitig Partei cr genug Sitze gewinnt, um mit r gemeinsam eine Mehrheit zu bilden. Das bedeutet, schwache Umfragewerte des kleineren Koalitionspartners alleine begründen noch keinen Anreiz zu einer Leihstimme. Letzterer hängt auch von der erwarteten Stärke des potentiellen Koalitionspartners ab. Insbesondere sinkt der Anreiz eines rechten Wählers, der hinsichtlich des Einzugs von Partei r unsicher ist, je weiter die erwartete Sitzzahl des größeren Koalitionspartners unter dem liegt, was zur Bildung einer Mehrheit mit r nötig ist. Diese Tatsache mag in theoretischer Hinsicht nicht überraschen. In der Literatur zum Leihstimmenwählen wird sie bisher jedoch nicht ausreichend gewürdigt (vgl. Blais und Nadeau 1996; Cox 1997; Gschwend 2007; Pappi und Thurner 2002; Shikano et al. 2009). Dem Autor sind keine Studien bekannt, die Anreize zur Vergabe einer Leihstimme nicht nur an der Chance der kleineren Koalitionspartei ins Parlament einzuziehen festmachen, sondern auch an der Chance, dass beide Koalitionsparteien gemeinsam eine Mehrheit erzielen werden.

6.7 Fazit

Eine weit verbreitete Annahme unter Wahlbeobachtern ist, dass Wähler mit der Zweitstimme stets ihre bevorzugte Partei wählen. In diesem Kapitel wurde gezeigt, dass Anreize mit der Zweitstimme gegen die bevorzugte Partei zu stimmen auch dann bestehen, wenn keine Partei an der Sperrklausel zu scheitern droht. Die wichtige Schlussfolgerung ist, dass eine Abschaffung der Sperrklausel Anreize zum strategischen Wählen nicht beseitigen würde. Die bekannten Leihstimmen für den kleinen Koalitionspartner sind, wie gezeigt wurde, Teil der Logik des strategischen Koalitionswählens. Zwar verschwinden Anreize für eine Leihstimme, wenn die Sperrklausel gegen null geht. Anreize zur Beeinflussung möglicher Regierungsmehrheiten im Parlament bleiben aber bestehen.

Eine Voraussetzung für strategisches Koalitionswählen ist, dass Wähler mögliche Regierungskoalitionen vor der Wahl identifizieren können. Sind viele Bündnisse nach der Wahl möglich, sollte dies Anreize zu strategischem Wählen schmälern. Auch benötigen Wähler Prognosen über die voraussichtlichen Mehrheitsverhältnisse nach der Wahl, um einzuschätzen, wo ihre Stimme am ehesten einen Unterschied machen wird. Schwankende oder unsichere Prognosen sollten Anreize zu strategischem Wählen verringern. Klare Koalitionslagen und Wahlprognosen sind insofern notwendige aber keine hinreichenden Bedingungen für strategisches Koalitionswählen. Die Sperrklausel für den Einzug ins Parlament ist hingegen weder notwendig noch hinreichend.

Auch wenn Anreize zu strategischem Koalitionswählen bestehen, heißt das nicht, dass Wähler sie auch erkennen und auf sie reagieren. Im Gegensatz zu strategischem Wählen mit der Erststimme basiert das Koalitionswählen auf einer größeren Zahl pivotaler Situationen. Die größere Komplexität der daraus resultierenden Entscheidungssituation mag es für Wähler weniger offensichtlich machen, wie sie ihre Zweitstimme zur Beeinflussung der voraussichtlichen Mehrheitsverhältnisse im Parlament einsetzen können. Zwar zeigt die vorliegende Analyse, wie dies zu bewerkstelligen ist. Ob Wähler diese Anreize ebenfalls erkennen und auf sie reagieren, ist eine andere Frage. Eine vorläufige Antwort darauf soll das nächste Kapitel geben.

Literatur

Austen-Smith D, Banks J (1988) Elections, coalitions and legislative outcomes. American Political Science Review 82(2):405–422

Axelrod R (1970) Conflict of Interest: A Theory of Divergent Goals with Applications to Politics. Markham, Chicago

Bargsted M, Kedar O (2009) Coalition-targeted Duvergerian voting: How expectations affect voter choice under proportional representation. American Journal of Political Science 53(2):307–323

Baron DP, Diermeier D (2001) Elections, governments and parliaments in proportional representation systems. Quarterly Journal of Economics August:933–967

Blais A, Nadeau R (1996) Measuring strategic voting: A two-step procedure. Electoral Studies 15:39–52

Cox GW (1994) Strategic voting under the single nontransferable vote. American Political Science Review 88:608–621

Cox GW (1997) Making Votes Count: Strategic Coordination in the World's Electoral Systems. Cambridge University Press, Cambridge

Downs A (1957) An Economic Theory of Democracy. Harper and Row, New York

Duch RM, May J, Armstrong II DA (2010) Coalition-directed voting in multiparty democracies. American Political Science Review 104:698–719

Fey M (1997) Stability and coordination in Duverger's law: A formal model of preelection polls and strategic voting. American Political Science Review 91:135–147

Goodin R, Güth W, Sausgruber R (2007) When to coalesce: Early versus late coalition announcement in an experimental democracy. British Journal of Political Science 38:181–191

Grofman B, Chiaramonte A, D'Alimonte R, Feld SL (2004) Comparing and contrasting the uses of two graphical tools for displaying patterns of multiparty competition. Party Politics 10:273–299

Gschwend T (2007) Ticket-splitting and strategic voting under mixed electoral rules: Evidence from Germany. European Journal of Political Research 46:1–23

Herrmann M (2014) Polls, coalitions and strategic voting under proportional representation. Journal of Theoretical Politics 26(3):442–467

Indridason IH (2011) Proportional representation, majoritarian legislatures, and coalitional voting. American Journal of Political Science 55:955–971

Laver M, Schofield N (1998) Multiparty Government: The Politics of Coalition in Europe. University of Michigan Press, Ann Arbor

Linhart E (2007) Rationales Wählen als Reaktion auf Koalitionssignale am Beispiel der Bundestagswahl 2005. Politische Vierteljahresschrift 48:461–484

Linhart E (2009) A rational calculus of voting considering coalition signals: the 2005 German Bundestag election as an example. World Political Science Review 5(1):1–24

Meffert MF, Gschwend T (2010) Strategic coalition voting: Evidence from Austria. Electoral Studies 29:339–349

Palfrey TR (1989) A mathematical proof of Duverger's law. In: Ordeshook PC (ed) Models of Strategic Choice in Politics, University of Michigan Press, Ann Arbor, pp 69–91

Pappi FU, Thurner PW (2002) Electoral behaviour in a two-vote system: Incentives for ticket splitting in German Bundestag elections. European Journal of Political Research 41:207–32

Riker WH (1962) The Theory of Political Coalitions. Yale University Press, New Haven

Shikano S, Herrmann M, Thurner PW (2009) Strategic voting under proportional representation: Threshold insurance in German elections. West European Politics 32:630–652

de Swaan A (1973) Coalition Theories and Cabinet Formations. A Study of Formal Theories of Coalition Formation Applied to Nine European Parliaments after 1918. Elsevier, Amsterdam

Evidenz für strategisches Koalitionswählen 7

Dieses Kapitel widmet sich der Frage, ob sich Belege für strategisches Koalitionswählen finden lassen. Gibt es Anzeichen für strategisches Wählen mit der Zweitstimme? Die folgende Darstellung baut auf Herrmann (2014) auf. Um strategisches Koalitionswählen bei vergangenen Bundestagswahlen nachzuweisen, müssen wir zeigen, dass die Wahlentscheidung mit der Zweitstimme von den Koalitionspräferenzen sowie den Erwartungen der Wähler über die voraussichtlichen Sitzstärken der Koalitionen im Parlament abhängt. Einen Sonderfall des strategischen Koalitionswählens stellen die in Abschn. 6.6 besprochenen Leihstimmen dar. Belege für Leihstimmenwählen bei den Bundestagswahlen 1994 und 1998 finden sich in Pappi and Thurner (2002), Gschwend (2007) und Shikano et al. (2009). In diesem Kapitel soll die generelle Theorie des Koalitionswählens getestet werden. Die Frage ist, ob Wähler mit der Zweitstimme auch dann strategisch wählen, wenn Grüne oder FDP nicht in Gefahr sind, an der fünf Prozent Hürde zu scheitern.

Um diese Frage zu beantworten, müssen wir uns auf Bundestagswahlen konzentrieren, in denen der Einzug von FDP und Grünen im Vorfeld als sicher galt. Die Bundestagswahlen 1994 und 1998 scheiden unter diesem Gesichtspunkt (und angesichts der oben genannten Belege für Leihstimmenwählen) aus. Eine Schwierigkeit bei der Überprüfung strategischen Koalitionswählens für die Bundestagswahlen nach 1998 ist, dass wissenschaftliche Wahlstudien in der Regel keine Messung der Erwartungen der Wähler hinsichtlich des Wahlausgangs bzw. der voraussichtlichen Mehrheiten potentieller Regierungskoalitionen vornehmen. Ohne solche Messungen lässt sich strategisches Koalitionswählen nicht identifizieren.

© Springer Fachmedien Wiesbaden 2015
M. Herrmann, *Strategisches Wählen in Deutschland*,
DOI 10.1007/978-3-658-09051-7_7

119

Eine im Rahmen der German Longitudinal Election Study (GLES) durchgeführte Vorwahlbefragung zur Bundestagswahl 2009 gab Wählern die Möglichkeit, ihre Erwartungen hinsichtlich des Abschneidens möglicher Regierungskoalitionen zu äußern. Im Folgenden sollen die Vorhersagen strategischen Koalitionswählens anhand der Daten dieser Studie getestet werden. Ähnliche Messungen von Wählererwartungen wurden auch im Rahmen einer Vorwahlbefragung zur Nationalratswahl 2006 in Österreich durchgeführt. Die vergleichbare Koalitionslage im Vorfeld der Nationalratswahl 2006 erlaubt es, die obigen Vorhersagen auch für diese Wahl zu testen.

7.1 Die Bundestagswahl 2009 und die Nationalratswahl 2006

Beide betrachteten Wahlen ähneln sich in zentralen Modellannahmen. Regierungen in Deutschland und Österreich werden typischerweise von minimalen Gewinnkoalitionen ideologisch benachbarter Parteien gebildet. Beide Länder verwenden zudem das Verhältniswahlrecht (wobei Österreich die Sperrklausel für den Parlamentseinzug bei nur 4 % ansetzt).

In Deutschland ging man im Vorfeld der Bundestagswahl 2009 von drei möglichen Regierungskoalitionen aus: einer linken Koalition von Grünen und SPD, einer rechten Koalition von CDU und FDP und einer großen Koalition von CDU und SPD. Umfragen ließen keinen Zweifel daran, dass alle Parteien den Einzug ins Parlament schaffen würden. Die Partei Die Linke, deren Parlamentseinzug ebenfalls als gesichert galt, wurde im Vorfeld als möglicher Koalitionspartner von den anderen Parteien abgelehnt.

Die wahrscheinlichsten Koalitionen im Vorfeld der Nationalratswahl 2006 waren eine linke Koalition der Grünen mit der SPÖ, eine rechte Koalition von ÖVP und FPÖ und eine großen Koalition von SPÖ und ÖVP.[1] Der Parlamentseinzug aller Parteien galt als sicher. Das extreme rechte BZÖ, welches ebenfalls den Einzug schaffte, wurde zuvor als möglicher Koalitionspartner von den anderen Parteien abgelehnt.

---

[1] Zu den Koalitionssignalen der österreichischen Parteien im Vorfeld der Nationalratswahl siehe Debus (2007) und Luther (2008).

7.2 Modell und Hypothesen

Die in Kap. 6 vorgestellte Theorie strategischen Koalitionswählens unterstellt folgende Handlungsweisen: Linke Wähler sollten die Mitte-Links-Partei anstelle einer linken Partei und rechte Wähler die Mitte-Rechts-Partei anstelle der rechten Partei wählen, 1) je größer δ ausfällt, wobei δ im Folgenden die Differenz in den erwarteten Sitzstärken der bevorzugten und der ungeliebten Koalition aus der Sicht des (rechten oder linken) Wählers bezeichnet und 2) je größer u_M ausfällt. Weiterhin sollte 3) die Wirkung von δ auf das beobachtete Verhalten mit u_M ansteigen (ein Interaktionseffekt; vgl. hierzu die Diskussion von Proposition 1). Mitte-Wähler sollten 4) die Mitte-Links-Partei anstelle der Mitte-Rechts-Partei wählen, je größer δ ist, wobei für Mitte-Wähler δ die Differenz in den erwarteten Sitzstärken der rechten und linken Koalition bezeichnet. Mitte-Wähler sollten 5) sich der Stimme enthalten, statt für eine mittlere Partei zu stimmen, wenn δ nahe 0 und π_M mindestens 20 Punkte von 50 % entfernt liegt.[2] Hypothese 5 erfordert eine präzisere Messung der Wählererwartungen hinsichtlich des Abschneidens einer großen Koalition, als es die vorliegenden Studien leisten können (s. u.). Auf der Basis der vorliegenden Messung kann sie daher nicht getestet werden.

Für einen Test von Hypothesen 1 bis 4 werden folgende statistischen Modelle verwendet. Betrachten wir einen rechten Wähler und definieren die abhängige Variable mit $Y = 1$, wenn der Wähler angibt, die rechte Partei zu wählen und $Y = 0$, wenn er angibt, die Mitte-Rechts-Partei zu wählen. Die Wahrscheinlichkeit einer Wahl der rechten Partei gegenüber der Mitte-Rechts-Partei lässt sich dann mit einem Logit Modell wie folgt ausdrücken:

$$\Pr(Y = 1) = \text{logit}^{-1}(\alpha + \beta_1\delta + \beta_2 u_M + \beta_3\delta u_M), \qquad (7.1)$$

dabei bezeichnet α die Modellkonstante und β bezeichnet die Effektkoeffizienten der einzelnen Variablen. Gemäß Hypothesen 1 bis 3 sollten folgende Beziehungen gelten:

1. Der Koeffizient für δ sollte negativ ausfallen.
2. Der Koeffizient für u_M sollte positiv ausfallen.
3. Der Koeffizient für den Interaktionsterm δu_M sollte positiv ausfallen.

Ein vergleichbares Modell lässt sich für linke Wähler formulieren. Dazu definieren wir die abhängige Variable mit $Y = 1$, wenn der Wähler angibt, die linke

---

[2] Diese beiden Bedingungen zusammen erfordern, dass π_o klein ist.

Partei zu wählen und $Y = 0$, wenn er angibt, die Mitte-Links-Partei zu wählen. Die Modellgleichung 7.1 gibt dann die Wahrscheinlichkeit eines linken Wählers wieder, sich für die linke gegenüber der Mitte-Links-Partei zu entscheiden. Die obigen Erwartungen bzgl. der Effektkoeffizienten gelten entsprechend.

Für einen Mitte-Wähler sei die abhängige Variable $Y = 1$, wenn der Wähler angibt, die Mitte-Links-Partei zu wählen und $Y = 0$, wenn er angibt, die Mitte-Rechts-Partei zu wählen. Die Wahrscheinlichkeit einer Wahl der Mitte-Links-Partei gegenüber der Mitte-Rechts-Partei lässt sich dann wie folgt ausdrücken:

$$\Pr(Y = 1) = \mathrm{logit}^{-1}(\alpha + \beta\delta). \tag{7.2}$$

Nach Hypothese 4 sollte der Koeffizient für δ positiv ausfallen.

7.3 Daten und Messung

Die verwendeten Daten stammen aus Vorwahlbefragungen, in denen eine Reihe von Fragen nach den Erwartungen der Wähler über die Wahrscheinlichkeiten der verschiedenen Koalitionen nach der Wahl eine Sitzmehrheit zu gewinnen, gestellt wurden. Die deutsche Vorwahlbefragung wurde als Teil der German Longitudinal Election Study etwa zwei Wochen vor der Wahl durchgeführt. Die Umfrage basiert auf einem nicht repräsentativen Online Access Panel von 985 Wählern. Zur Erhöhung der Repräsentativität wird die Stichprobe mit Hilfe von Survey-Gewichten an den Mikrozensus angepasst. Die österreichische Vorwahlbefragung basiert auf einer telefonischen Befragung einer repräsentativen Stichprobe 1951 österreichischer Wähler. Der design-bedingten Überrepräsentation von Befragten aus Kärnten wird mit Survey-Gewichten entgegen gewirkt. Beide Datensätze sind über das Gesis Datenarchiv zugänglich (Studiennummern: ZA4888 und ZA5337).

Wählererwartungen hinsichtlich der Gewinnwahrscheinlichkeit aller möglichen Koalitionen wurden mit folgender Frage gemessen: „Für wie wahrscheinlich halten Sie es, dass die folgenden Parteien zusammen rein rechnerisch eine Mehrheit zur Regierungsbildung im neuen [Bundestag/Nationalrat] haben werden?". Befragte stuften anschließend für jede ihnen vorgelegte Koalition die Wahrscheinlichkeit einer Regierungsmehrheit als „sehr unwahrscheinlich, eher unwahrscheinlich, eher wahrscheinlich" oder „sehr wahrscheinlich" ein. Angesichts dieser Frageformulierung und Antwortkategorien konzentriert sich die folgende Analyse auf Hypothesen 1 bis 4.

Wählertypen wurden aus den Selbsteinstufungen der Befragten auf herkömm-
lichen 11-Punkte Links-Rechts-Skalen gebildet. Wähler auf Position 6 wurden als
Mitte-Wähler behandelt. Wähler auf Positionen 1 bis 5 wurden als links behandelt.
Wähler auf Positionen 7 bis 11 wurden als rechts eingestuft.

Die abhängige Variable nimmt für linke und rechte Wähler den Wert eins an,
wenn sie angeben, für eine mittlere Partei zu stimmen. Das heißt, die abhängige
Variable ist eins für linke Wähler, die angeben für die SPD bzw. SPÖ zu stimmen
und für rechte Wähler, die angeben für die CDU bzw. ÖVP zu stimmen. Für linke
Wähler, die angeben die Grünen zu wählen sowie für rechte Wähler, die angeben
für die FDP bzw. die FPÖ zu stimmen, nimmt die abhängige Variable den Wert
null an. Für Mitte-Wähler nimmt die abhängige Variable den Wert eins an, wenn
sie angeben, die Mitte-Links-Partei (d. h. SPD oder SPÖ) zu wählen. Für Mitte-
Wähler, die angeben die Mitte-Rechts-Partei (d. h. CDU oder ÖVP) zu wählen,
nimmt sie den Wert null an.

Die Präferenz linker und rechter Wähler für eine große Koalition, u_M, wurde
anhand der Entfernung jedes Wählers zum Mittelpunkt der ideologischen Skala gemessen. Die Variable nimmt für Wähler, die sich an den Endpunkten der
Skala verorten den Wert null an. Für Wähler, die sich gerade links und rechts
der Mitte (auf Positionen 5 und 7) verorten, nimmt sie den Wert vier an. Aus
den Antworten der Befragten zu den Gewinnchancen der einzelnen Koalitionen
wurde ein Maß für δ konstruiert. Dazu wurden für linke und Mitte-Wähler die
erwarteten Gewinnchancen der linken Koalition von den erwarteten Gewinnchancen der rechten Koalition abgezogen. Für rechte Wähler wurden die erwarteten
Gewinnchancen der rechten Koalition von denen der linken Koalition abgezogen.

7.4 Ergebnisse

Tabelle 7.1 zeigt die Schätzergebnisse. Wenige Koeffizienten sind statistisch signifikant. Allerdings zeigen die Koeffizienten, die statistische Signifikanz erreichen,
die vorhergesagten Effekte.

Insbesondere scheinen die Vorhersagen auf rechte Wähler in beiden Ländern
zuzutreffen. Die Effekte für rechte Wähler in Deutschland weisen dabei in die erwartete Richtung, erreichen aber keine statistische Signifikanz. Es sei angemerkt,
dass in den Modellen mit Interaktionsterm die Koeffizienten von δ lediglich den
Effekt der Erwartungen von Wählern an den äußersten Enden der ideologischen
Skala wieder gibt. Entscheidend für Hypothese 3 ist jedoch, ob sich der Haupt-

Tab. 7.1 Test strategischen Koalitionswählens

Deutschland	Linke Wähler		Rechte Wähler		Mitte-W.
δ	$-0{,}171$	$-0{,}071$	$0{,}363^{\dagger\dagger}$	$-0{,}113$	$-0{,}235$
	$(0{,}195)$	$(0{,}550)$	$(0{,}216)$	$(0{,}495)$	$(0{,}364)$
u_M		$0{,}115$		$0{,}314$	
		$(0{,}218)$		$(0{,}308)$	
$\delta \times u_M$		$-0{,}036$		$0{,}194$	
		$(0{,}189)$		$(0{,}170)$	
α	$0{,}268$	$-0{,}051$	$1{,}307^{*}$	$0{,}508$	$0{,}043$
	$(0{,}274)$	$(0{,}655)$	$(0{,}353)$	$(0{,}886)$	$(0{,}377)$
Wald χ^2	$0{,}764$	$1{,}046$	$2{,}839^{\dagger\dagger}$	$4{,}951$	$0{,}417$
N	135	135	141	141	53
Österreich	Linke Wähler		Rechte Wähler		Mitte-W.
δ	$-0{,}013$	$-0{,}095$	$0{,}356^{*}$	$0{,}012$	$-0{,}201$
	$(0{,}097)$	$(0{,}165)$	$(0{,}159)$	$(0{,}253)$	$(0{,}159)$
u_M		$-0{,}044$		$0{,}303^{*}$	
		$(0{,}085)$		$(0{,}145)$	
$\delta \times u_M$		$0{,}038$		$0{,}155$	
		$(0{,}066)$		$(0{,}102)$	
α	$0{,}315^{*}$	$0{,}418^{\dagger\dagger}$	$1{,}472^{*}$	$0{,}761^{*}$	$-0{,}363^{\dagger\dagger}$
	$(0{,}121)$	$(0{,}216)$	$(0{,}203)$	$(0{,}366)$	$(0{,}193)$
Wald χ^2	$0{,}017$	$1{,}223$	$5{,}045^{*}$	$9{,}108^{*}$	$1{,}611$
N	423	423	193	193	162

Einträge sind Logit Koeffizienten (Standardfehler in Klammern)
δ Differenz in den erwarteten Sitzstärken von R und L (für linke und Mitte-Wähler) bzw.
L und R (für rechte Wähler), u_M Abstand des Wählers zum Mittelpunkt der Links-Rechts-Skala: 0 „weitester" 4 „nächster"
$^{*}p < 0{,}05;\ ^{\dagger\dagger}p < 0{,}1$ zweiseitig

effekt von δ und der Interaktionsterm zu einem substanziellen positiven Effekt summieren, wenn $u_M > 0$.

Offenbar ist dies für rechte Wähler in beiden Stichproben der Fall: Für $u_M = 1$ und für höhere Werte von u_M ist der Nettoeffekt der Wählererwartung auf die Wahrscheinlichkeit für eine mittlere Partei zu stimmen positiv. Für linke Wähler in der österreichischen Stichprobe scheinen Erwartungen über den Wahlausgang keine Auswirkung auf die Wahlabsicht zu haben. In der deutschen Stichprobe ist ihr Nettoeffekt negativ, selbst für hohe Werte von u_M. Betrachtet man die Wald-Teststatistik, so ist die Aussagekraft der statistischen Modelle für linke Wähler praktisch null.

Die negativen Koeffizienten für Mitte-Wähler widersprechen Hypothese 4. Auch wenn sie nicht statistisch signifikant sind, so deuten sie doch darauf hin, dass falls Erwartungen über die Gewinnchancen von Koalitionen das Verhalten von Mitte-Wählern beeinflussen, der Effekt in die umgekehrte Richtung geht: Mitte-Wähler, die erwarten, dass die rechte Koalition vor der linken Koalition liegt, tendieren eher (und nicht: weniger) dazu für die Mitte-Rechts-Partei zu stimmen.[3]

Ein Grund für die negativen Koeffizienten könnte darin liegen, dass Mitte-Wähler möglicherweise nicht mit einer großen Koalition gerechnet haben und mit ihrer Stimme die mittlere Partei in der aussichtsreichsten Koalition unterstützen wollten. Während dies mit der Idee des strategischen „Balancing" (Bargsted und Kedar 2009) vereinbar wäre, steht es doch im Widerspruch zum Ergebnis der österreichischen Wahl, das eben genau in der Bildung einer großen Koalition bestand.

Ein anderer Grund könnte sein, dass große Koalitionen in beiden Ländern nicht sehr beliebt sind und dass die meisten Wähler, die sich in der ideologischen Mitte positionieren, trotzdem lieber eine linke oder eine rechte Koalition hätten. Rechnet man Mitte-Wähler in jeder Stichprobe der Gruppe der linken oder der rechten Wähler zu, so bleiben in der österreichischen Stichprobe die Ergebnisse für jede Wählergruppe inhaltlich unverändert, was in der Tendenz für das Argument spricht. In der deutschen Stichprobe lässt es dagegen die positiven Effekte für rechte Wähler weitgehend verschwinden.

7.5 Fazit

Insgesamt zeigen die Ergebnisse Indizien für strategisches Koalitionswählen in beiden untersuchten Wahlen. Besonders rechte Wähler, d. h. Anhänger einer Koalition aus CDU und FDP (bzw. ÖVP und FPÖ in Österreich), wählten 2009 (bzw. 2006) im Einklang mit der Theorie des strategischen Koalitionswählens. Für linke Wähler finden sich keine Hinweise auf strategisches Koalitionswählen,

---

[3] Die negativen Koeffizienten verschwinden auch dann nicht, wenn man die Gruppe der Mitte-Wählern so erweitert, dass sie auch Wähler auf den Positionen 5 und 7 beinhaltet.

ebenso wenig für Anhänger einer großen Koalition. Auch wenn diese Ergebnisse unter einer Reihe von Vorbehalten stehen, etwa was Messfehler bei Bestimmung der Koalitionspräferenzen der Wähler oder der erwarteten Mehrheitsverhältnisse angeht, so deuten sie doch darauf hin, dass Wähler mit der Zweitstimme weniger auf Anreize zu strategischem Wählen reagieren, als mit der Erststimme.

Verantwortlich hierfür könnte sein, dass die Logik strategischen Wählens mit der Zweitstimme für Wähler weniger offensichtlich ist, als die Logik strategischen Wählens mit der Erststimme. Zwar beruhen beide Formen strategischen Wählens auf einem Vergleich pivotaler Situationen. Die Zahl der pivotalen Situationen ist aber bei der Zweitstimme deutlich größer und die Entscheidungsfindung dadurch komplexer. Weiterhin gab es, wie eingangs dargestellt, in der Vergangenheit kaum Wahlen, in denen keine Partei an der Sperrklausel zu scheitern drohte. Insofern gab es für Wähler wenig Gelegenheit die strategischen Anreize in solchen Situationen kennen zu lernen. Dies mag erklären, wieso Wähler Anreize zu strategischem Koalitionswählen bisher nicht ausreichend wahrgenommen haben oder wahrnehmen konnten. Ob dies so bleibt, ist abzuwarten.

Anders ist es bei der Leihstimme, für die in einer Reihe von Wahlen Belege gefunden wurden (vgl. Pappi und Thurner 2002; Gschwend 2007; Shikano et al. 2009). Die Idee der Leihstimme ist im Gegensatz zur generellen Logik des strategischen Koalitionswählens nicht nur leicht zu verstehen, sondern auch seit über zwei Jahrzehnten in der öffentlichen Diskussion verankert. Die FDP warb 1983 erstmals öffentlich mit dem Argument, dass eine Regierungsmehrheit für CDU und FDP nur zustande kommen kann, wenn CDU-Anhänger mit ihrer Zweitstimme helfen, den Einzug der FDP in den Bundestag zu sichern (vgl. Roberts 1988). Seitdem gab es immer wieder Wahlen, in denen der Einzug der FDP gefährdet war. Die Idee der Leihstimme ist daher, anders als die generelle Logik des Koalitionswählens, ein seit Jahrzehnten wiederkehrendes Thema in der Berichterstattung zu Bundestagswahlen.

Literatur

Bargsted M, Kedar O (2009) Coalition-targeted Duvergerian voting: How expectations affect voter choice under proportional representation. American Journal of Political Science 53(2):307–323

Debus M (2007) Pre-electoral Alliances, Coalition Rejections, and Multiparty Governments. Nomos, Baden-Baden

Gschwend T (2007) Ticket-splitting and strategic voting under mixed electoral rules: Evidence from Germany. European Journal of Political Research 46:1–23

Herrmann M (2014) Polls, coalitions and strategic voting under proportional representation. Journal of Theoretical Politics 26(3):442–467

Luther KR (2008) The 2006 Austrian parliamentary election: From bipolarism to forced marriage. West European Politics 31:1004–1015

Pappi FU, Thurner PW (2002) Electoral behaviour in a two-vote system: Incentives for ticket splitting in German Bundestag elections. European Journal of Political Research 41:207–32

Roberts GK (1988) The "second-vote" campaign strategy of the West German Free Democratic Party. European Journal of Political Research 16:317–337

Shikano S, Herrmann M, Thurner PW (2009) Strategic voting under proportional representation: Threshold insurance in German elections. West European Politics 32:630–652

Zusammenfassung und Diskussion 8

Wahlregeln sind ein häufig diskutierter Bestandteil demokratischer Entscheidungsfindung, da unterschiedliche Wahlregeln zu unterschiedlichen politischen Ergebnissen führen. Diese Arbeit hat gezeigt, welche Möglichkeiten strategischer Einflussnahme das deutsche Wahlrecht für die Wähler birgt. Die Möglichkeiten strategischer Einflussnahme mögen manche beunruhigen, andere wiederum ermutigen. Entscheidend für eine informierte Debatte ist es zunächst einmal anzuerkennen, dass sie existieren. Die Fragen, die sich dann stellen sind: Wer hat wann einen Anreiz, strategisch zu wählen und warum? Wie viele Wähler wählen strategisch? Und welche Konsequenzen hat dies für das Wahlergebnis? Aus den vorgelegten Ergebnissen lassen sich mehrere Schlüsse über strategisches Wählen in Deutschland ziehen.

Mit der Erststimme lohnt sich strategisches Wählen, wenn die eigene Partei keine Chance auf den Sieg im Wahlkreis hat. In der Vergangenheit traf dies auf Anhänger der FDP, der Grünen und der PDS/Linke in Westdeutschland zu. Anders als im Westen zählte die PDS/Linke in Ostdeutschland häufig zu den beiden aussichtsreichen Parteien im Wahlkreis. Wenn dies der Fall war, konnte auch sie von strategischen Erststimmen von Anhängern schlechter platzierter Parteien profitieren. CDU und SPD sind also nicht die einzigen Parteien, denen strategische Erststimmen bisher zu Gute kamen. Auch die PDS/Linke als vermeintlich kleine Partei ist aufgrund ihres großen Rückhalts in den neuen Bundesländern ein potentieller Profiteur von strategischen Erststimmen.

Wenn Wähler Präferenzen über Regierungsbündnisse haben, lohnt es sich, mit der Zweitstimme strategisch zu wählen. Sind Rot-Grün, Schwarz-Gelb und eine große Koalition die drei einzigen realistischen Optionen nach der Wahl, dann be-

© Springer Fachmedien Wiesbaden 2015
M. Herrmann, *Strategisches Wählen in Deutschland*,
DOI 10.1007/978-3-658-09051-7_8

sitzen Anhänger von Rot-Grün einen Anreiz die SPD zu wählen, wenn Rot-Grün in den Umfragen hinter Schwarz-Gelb liegt. Liegt Rot-Grün vor Schwarz-Gelb, lohnt es sich für sie, die Grünen zu wählen. Befürworter von Schwarz-Gelb besitzen einen Anreiz die FDP zu wählen, wenn Schwarz-Gelb in den Umfragen vor Rot-Grün liegt, andernfalls ist es für sie besser die CDU zu wählen. Anhänger einer großen Koalition sollten dagegen die SPD wählen, wenn Schwarz-Gelb in den Umfragen vor Rot-Grün liegt und die CDU, wenn Schwarz-Gelb hinter Rot-Grün zurück liegt. Wie viele Sitze voraussichtlich auf eine großen Koalition entfallen würden, spielt für strategisches Wählen mit der Zweitstimme keine Rolle. Diese Aussagen basieren auf einem Vergleich aller Situationen, in denen eine einzelne Stimme die Menge der möglichen Mehrheitskoalitionen im Bundestag verändern könnte. Voraussetzung ist, dass es außer Rot-Grün, Schwarz-Gelb und großer Koalition keine anderen realistischen Optionen gibt. Im Vorfeld von Bundestagswahlen werden zwar gelegentlich andere Bündnisse diskutiert. Zu Stande gekommen sind sie bisher aber nicht.

Wenn in Zukunft andere Bündnisse, etwa Schwarz-Grün, möglich werden, dann ändert sich dadurch die Menge der Situationen, in denen eine Stimme den Ausschlag geben könnte. Das bedeutet nicht, dass Anreize zu strategischem Wählen verschwinden. Aber die optimale Entscheidung eines strategischen Wählers lautet dann möglicherweise anders, als oben angegeben. Die vorliegende Analyse macht hierzu keine Angaben. Fraglich ist auch, ob die FDP oder eine vergleichbare Partei in Zukunft noch als Koalitionspartner für die CDU in Frage kommt. Falls nicht, bliebe den ehemaligen Anhängern einer Schwarz-Gelben-Koalition nur die Wahl der CDU.

Die Analyse hat gezeigt, dass es sowohl mit Erst- als auch mit Zweitstimme Anreize zu strategischem Wählen gibt. Unter der Mehrheitswahl entstehen Anreize zum strategischen Wählen aufgrund der Tatsache, dass man mit der Wahl einer der beiden führenden Parteien den Wahlausgang viel eher zu seinen Gunsten beeinflusst, als mit der Wahl irgend einer anderen Partei. Anders ausgedrückt: wenn es am Ende zu einem Patt kommt, dann zwischen den beiden führenden Parteien. Ein Wähler der dies berücksichtigt, hat eine größere Chance den Ausgang der Wahl zu beeinflussen.

Unter Verhältniswahl entstehen strategische Anreize zu strategischem Wählen aus den erwarteten Mehrheitsverhältnissen im Parlament. Auch wenn Sitze völlig proportional zugeteilt werden, braucht es doch eine Mehrheit zum Regieren. Für einen Wähler, der ein bestimmtes Regierungsbündnis favorisiert, führt daher nicht jede Stimme gleichermaßen zum Erfolg. Liegt Rot-Grün beispielsweise in den Umfragen vor Schwarz-Gelb, dann läuft die Wahl, einfach gesprochen, auf ein Rennen zwischen Rot-Grün und der großen Koalition hinaus. Für einen Anhänger von Rot-Grün ist es besser die Grünen zu wählen, denn falls seine Stimme entscheidend ist, führt nur die Wahl der Grünen zu einer alleinigen Mehrheit der gewünschten Koalition. Für einen Anhänger von Schwarz-Gelb wäre es dagegen profitabel die CDU zu wählen, denn wenn die Wahl letztlich auf Rot-Grün oder eine große Koalition hinaus läuft, kann nur eine Stimme für die CDU zu einem günstigen Ergebnis führen.

Die Fünf-Prozent-Hürde bringt zusätzliche Anreize zu strategischem Wählen mit der Zweitstimme. Wenn ein Koalitionspartner an der Fünf-Prozent-Hürde zu scheitern droht, kann eine einzelne Stimme den Unterschied zwischen einer deutlichen Regierungsmehrheit und einer klaren Niederlage eines Koalitionsbündnisses ausmachen. Wie die Analyse zeigt, ist eine Leihstimme für die bedrohte Partei in dieser Situation optimal. Die wichtigere Erkenntnis ist aber, dass die Sperrklausel keine notwendige Bedingung für strategisches Wählen mit der Zweitstimme darstellt. Selbst wenn die Sperrklausel abgeschafft würde, würde dies die Tatsache nicht ändern, dass es für manche Wähler günstig sein kann, im Hinblick auf mögliche Regierungsmehrheiten, gegen die bevorzugte Partei zu stimmen.

Wie relevant ist strategisches Wählen? Statistische Analysen der Wahlkreisergebnisse und Auswertungen von Wahlumfragen liefern deutliche Hinweise für strategisches Wählen mit der Erststimme. Etwa ein bis drei Prozent wählen strategisch. Um ein Massenphänomen handelt es sich somit nicht. Mehrere Gründe kommen hierfür in Betracht. Zunächst einmal ist die Gruppe derjenigen, die einen Anreiz besitzen strategisch zu wählen, nicht besonders groß. Anhänger kleiner Parteien machen zusammen in der Regel zehn bis zwanzig Prozent der Wähler aus. Bezogen auf diese Gruppe bedeutet das, dass etwa jeder fünfte Anhänger kleiner Parteien seine Erststimme strategisch einer der beiden führenden Parteien gegeben hat. Weiterhin handelt es sich bei ein bis drei Prozent um eine konservative Schätzung strategischen Wählens. Nicht berücksichtigt sind hierbei Wähler, die zwei Parteien gleichermaßen bevorzugen und sich für die aussichtsreichere der beiden entscheiden.

Ungeachtet der geringen Zahl strategischer Wähler spielten strategische Erststimmen für die Vergabe von Direkt- und Überhangmandaten bereits mehrmals eine Rolle. Besonders in den neuen Bundesländern halfen strategische Erststimmen der SPD dabei Überhangmandate zu erzielen oder Überhangmandate für die CDU zu verhindern. Auch CDU und PDS/Linke verdanken einige Direkt- bzw. Überhangmandate strategischen Wählern in den neuen Bundesländern, allerdings etwas weniger als die SPD. Strategische Erststimmen waren in fast allen Wahlen zwischen 1994 und 2009 an der Entstehung von Überhangmandaten beteiligt. Für einen Zuwachs an Überhangmandaten sind sie aber nicht verantwortlich.

In nahezu jeder der betrachteten Wahlen wurde die Entstehung von Überhangmandaten durch strategische Erststimmen nicht nur begünstigt, sondern auch verhindert. Verhindert wird ein Überhangmandat, wenn strategische Stimmen einer Partei zu einem Direktmandat verhelfen, ohne dass sie dadurch ein Überhangmandat in dem jeweiligen Bundesland erzielt, andererseits aber die Partei, die ohne strategisches Wählen das Direktmandat gewonnen hätte, in dem Bundesland zu einem Überhangmandat gekommen wäre. Berücksichtigt man beide Möglichkeiten, so haben strategische Erststimmen 1994 und 2002 die Zahl der Überhangmandate sogar reduziert. Nur 2009 führten sie zu mehr Überhangmandaten. Die Hauptursachen für die Entstehung von Überhangmandaten bei vergangenen Wahlen sind daher an anderer Stelle zu suchen.

Insgesamt zeigen die Ergebnisse, dass der Einfluss strategischer Erststimmen auf Wahlergebnisse nicht bloß hypothetisch ist. Kurzfristig auf den Ausgang der Wahl hin orientierte Wähler können einen Unterschied machen. Dies muss aber nicht zwangsläufig zu ‚unfairen‘ oder ‚verzerrten‘ Wahlergebnissen führen. Durch strategische Erststimmen können, wie gezeigt, auch Überhangmandate verhindert werden. Ungeachtet seines Stellenwertes als theoretisch interessantes Phänomen ist strategisches Wählen somit auch politisch relevant.

Mit der Wahlrechtsreform vom 21. Februar 2013 wurden Überhangmandate eliminiert. Sind damit auch Anreize zu strategischem Wählen mit der Erststimme verschwunden? Die Chance, eine Veränderung der Sitzverteilung im Bundestag zu erzielen, stellt einen wichtigen, aber keineswegs den einzigen Anreiz zum strategischen Wählen dar. Ebenfalls von Belang dürfte für Wähler beispielsweise die Frage sein, ob sie im Bundestag von einem Abgeordneten der CDU, der SPD oder einer anderen Partei vertreten werden. Solange Wählern der Ausgang der Wahl in ihrem Wahlkreis nicht egal ist, gibt es für sie Anreize mit der Erststimme strategisch zu wählen. Die Abschaffung von Überhangmandaten mag Anreize zu strategischem Wählen verringern. Gänzlich verschwinden werden sie dadurch aber nicht.

Die politische Relevanz strategischer Zweitstimmen ist schwerer einzuschätzen. Zwar gibt es Belege für Leihstimmen bei vergangenen Bundestagswahlen (Pappi und Thurner 2002; Gschwend 2007; Shikano et al. 2009). Für strategisches Koalitionswählen abseits der Leihstimme konnten insgesamt aber keine klaren Anzeichen gefunden werden. Die Ergebnisse zeigen lediglich Indizien für strategisches Koalitionswählen bei Anhängern einer Schwarz-Gelben-Koalition. Mit der Zweitstimme scheinen Wähler weniger auf strategische Anreize zu reagieren als mit der Erststimme.

Ein Grund hierfür könnte in der Komplexität des Entscheidungsproblems liegen. Mit der Zweitstimme gibt es wesentlich mehr Möglichkeiten den Ausgang der Wahl zu verändern als mit der Erststimme. Angesichts des Aufwands, den eine strategisch optimale Entscheidung für den Wähler mit sich bringt, verwundert es nicht, dass sich nur wenige Hinweise für solches Verhalten finden. Hinzu kommt, dass in der öffentlichen Diskussion bisher vor allem die Leihstimme dominiert und anderen Anreizen zum Koalitionswählen wenig Beachtung geschenkt wird. Bisher gab es nur wenige Wahlen, in denen keine Koalitionspartei an der Fünf-Prozent-Hürde zu scheitern drohte. Dies mag erklären, wieso strategisches Koalitionswählen bisher vor allem in Form der Leihstimme Beachtung gefunden hat.

Zum Schluss stellt sich die Frage, wie strategisches Wählen normativ zu bewerten ist. Kritiker wenden häufig ein, strategische Wähler seien unehrlich, sie offenbaren nicht ihre wahre Präferenz und verfälschten das Ergebnis der Wahl. Ist es daher ein schlechtes Zeichen, wenn Wähler sich zu einer strategischen Entscheidung entschließen? Zu den Wohlfahrtskonsequenzen strategischen Wählens unter Verhältniswahl gibt es bisher keine systematischen Untersuchungen. Ob strategisches Wählen unter diesem Wahlsystem als wünschenswert angesehen werden kann oder nicht, bleibt abzuwarten.

Unter Mehrheitswahl lässt sich die Frage am ehesten mit nein beantworten. Ehrliches Wählen kann hier dazu führen, dass der schlechteste Kandidat (der Condorcet-Verlierer) gewählt wird. Entscheiden sich Wähler dagegen strategisch für den jeweils präferierten unter den beiden führenden Kandidaten, so lässt sich ein Sieg des schlechtesten Kandidaten abwenden (vgl. etwa Forsythe et al. 1996; Rietz et al. 1998). Umgekehrt kann strategisches Wählen die Situation nicht verschlechtern: Wenn der beste Repräsentant (der Condorcet-Gewinner) unter ehrlichem Wählen gewinnen würde, dann sollte er auch gewinnen, wenn jeder Wähler strategisch für seinen präferierten Repräsentanten unter beiden führenden Kandidaten stimmt.

Generell hat strategisches Wählen unter Mehrheitswahl also wohlfahrtssteigernde Konsequenzen (Lehtinen 2008). Voraussetzung hierfür ist jedoch, dass Wähler die beiden führenden Kandidaten korrekt identifizieren (vgl. Myatt 2007).[1] Unter Mehrheitswahl wäre strategisches Wählen seitens informierter Wähler und die Veröffentlichung von Umfrageergebnissen über die Wahlchancen von Kandidaten somit eher zu begrüßen.

---

[1] Die Konsequenzen strategischen Wählens in Situationen, in denen Wähler über die Chancen der Kandidaten nicht ausreichend oder falsch informiert sind, sind noch nicht genügend untersucht. Es wäre aber denkbar, dass hier die positive Wirkung strategischen Wählens größtenteils ausbleibt. Strategisches Wählen könnte sogar negative Konsequenzen nach sich ziehen: In einer Situation, in der der Condorcet-Gewinner unter ehrlichem Wählen gewinnen würde, könnte strategisches Wählen fehlinformierter Wähler beispielsweise dazu führen, dass der Condorcet-Gewinner verliert, weil ein Teil seiner Anhänger ihn fälschlich als drittplatzierten Kandidaten erwartete.

Literatur

Forsythe R, Rietz TA, Myerson RB, Weber RJ (1996) An experimental study of voting rules and polls in three-candidate elections. International Journal of Game Theory 25:355–383

Gschwend T (2007) Ticket-splitting and strategic voting under mixed electoral rules: Evidence from Germany. European Journal of Political Research 46:1–23

Lehtinen A (2008) The welfare consequences of strategic voting under approval and pluraliy voting. European Journal of Political Economy 24:688–704

Myatt DP (2007) On the theory of strategic voting. Review of Economic Studies 74(1):255–281

Pappi FU, Thurner PW (2002) Electoral behaviour in a two-vote system: Incentives for ticket splitting in German Bundestag elections. European Journal of Political Research 41:207–32

Rietz TA, Myerson RB, Weber RJ (1998) Campaign finance levels as coordinating signals in three-way experimental elections. Economics and Politics 10:185–217

Shikano S, Herrmann M, Thurner PW (2009) Strategic voting under proportional representation: Threshold insurance in German elections. West European Politics 32:630–652

Anhang A
Anhang zu Kapitel 3

Um Ungleichung 3.2 zu erhalten, formt man Ungleichung 3.1 wie folgt um:

$$p_{12}(u_1 - u_2) + p_{13}(u_1 - u_3) \leq p_{12}(u_2 - u_1) + p_{23}(u_2 - u_3)$$

$$p_{12}(u_1 - u_2) + p_{13}(u_1 - u_3) \leq -p_{12}(u_1 - u_2) + p_{23}(u_2 - u_3)$$

$$2p_{12}(u_1 - u_2) + p_{13}(u_1 - u_3) \leq p_{23}(u_2 - u_3)$$

$$2p_{12}(u_1 - u_2 - u_3 + u_3) + p_{13}(u_1 - u_3) \leq p_{23}(u_2 - u_3)$$

$$2p_{12}(u_1 - u_3) - 2p_{12}(u_2 - u_3) + p_{13}(u_1 - u_3) \leq p_{23}(u_2 - u_3)$$

$$(u_1 - u_3)(2p_{12} + p_{13}) \leq (u_2 - u_3)(2p_{12} + p_{23})$$

$$\frac{u_1 - u_3}{u_2 - u_3} \leq \frac{2p_{12} + p_{23}}{2p_{12} + p_{13}}.$$

© Springer Fachmedien Wiesbaden 2015
M. Herrmann, *Strategisches Wählen in Deutschland*,
DOI 10.1007/978-3-658-09051-7

Anhang B
Anhang zu Kapitel 4

Konstruktion der P-Variablen

Bezeichnen wir mit $E = (e_1, e_2, e_3)$ das Wahlergebnis dreier Parteien 1, 2 und 3, wobei die Nummerierung den Stimmenanteilen der Parteien folgt, mit $e_1 > e_2 > e_3$. Auf der Basis von E lässt sich ein Maß für die Wichtigkeit einer einzelnen Stimme für den Ausgang der Wahl zwischen Parteien 1 und 2 konstruieren, indem die Distanz des Wahlergebnisses zu einem hypothetischen Ergebnis berechnet, bei dem 1 und 2 gleichauf liegen und der Stimmenanteil von Partei 3 unverändert bleibt. Intuitiv lässt sich dies als die kleinstmögliche Änderung im Wahlergebnis auffassen, die nötig wäre, um einen Wähler in eine Lage zu versetzen, in der seine Stimme den Ausschlag gibt (Black 1978, S. 634). Sei $T = (t_1, t_2, t_3)$ mit $t_1 = t_2 > t_3$ ein beliebiges Wahlergebnis, in dem die beiden führenden Kandidaten gleichauf liegen (d. h. eine Pattsituation). Die euklidische Distanz zwischen den beiden Ergebnissen E und T ist gegeben als

$$\|ET\| = [(e_1 - t_1)^2 + (e_2 - t_2)^2 + (e_3 - t_3)^2]^{1/2}. \qquad \text{(B.1)}$$

Da Parteien 1 und 2 in T gleich viele Stimmen erhalten, gilt $t_1 = t_2 = \frac{e_1+e_2}{2}$. Weiterhin ist der Stimmenanteil von Partei 3 in beiden Situationen derselbe, d. h. $e_3 = t_3$. Einsetzen dieser beiden Bedingungen und einfaches Umformen liefert

$$\|ET\| = \frac{1}{\sqrt{2}}(e_1 - e_2). \qquad \text{(B.2)}$$

© Springer Fachmedien Wiesbaden 2015
M. Herrmann, *Strategisches Wählen in Deutschland*,
DOI 10.1007/978-3-658-09051-7

Man beachte, dass Black (1978, S. 636) zufolge die obigen Bedingungen zu folgendem Ausdruck führen: $\|ET\| = [(e_1/2)^2 + (e_2/2)^2 - e_1 e_2]^{1/2}$. Korrekt ist jedoch: $\|ET\| = [((e_1)^2 + (e_2)^2)/2 - e_1 e_2]^{1/2}$, was zu dem Ausdruck in Gl. (B.2) vereinfacht werden kann.

Das Distanzmaß in Gl. (B.2) ist maximal $1/\sqrt{2}$ und zwar dann, wenn eine Partei 100 % der Stimmen im Wahlkreis gewinnt. Gleichung (B.2) zeigt außerdem, dass die euklidische Distanz eines Wahlergebnisses zu einem Ergebnis, in dem Parteien 1 und 2 gleichauf lägen nur vom Stimmenvorsprung des Siegers vor dem Zweitplatzierten abhängt. Euklidische Distanz und Stimmenvorsprung unterscheiden sich nur durch den Skalierungsfaktor $1/\sqrt{2}$.

Eine naheliegende Normalisierung dieses Maßes besteht darin, durch das Maximum zu teilen und das Ergebnis von eins zu subtrahieren. Dies liefert das im Text angegebene Maß P_{12}:

$$P_{12} = 1 - \sqrt{2} \, \|ET\| \tag{B.3}$$

Dieses Maß nimmt Werte von null (wenn eine Partei alle Stimmen gewinnt) bis eins (wenn Parteien 1 und 2 exakt gleichauf liegen) an. Wie man anhand von Gln. (B.2) und (B.3) erkennt, ist dieses Maß für P_{12} schlicht das Komplement des Stimmenvorsprungs des Siegers vor dem Zweitplatzierten, d. h., die Knappheit des Wahlausgangs.

Analog zu dem Maß für P_{12} lässt sich auch ein Maß für die Distanz des Wahlergebnisses zu einem Patt zwischen Parteien 1 und 3 konstruieren. Dazu ersetzt man e_2 durch e_3. Allerdings ist dieses Maß nur gültig, solange $e_2 \leq \frac{1}{3}$, d. h. solange der Zweitplatzierte weniger als ein Drittel der Stimmen gewinnt. Im Fall $e_2 > \frac{1}{3}$ wäre $\|ET\|$ die Distanz zu einem Patt um den zweiten Platz zwischen Partei 1 und Partei 3 mit Partei 2 als Sieger (vgl. Black 1978, S. 637). Wann immer der Zweitplatzierte also mehr als ein Drittel der Stimmen gewinnt, folgt die Berechnung von P_{13} Gln. (B.4) und (B.5) unten.

Für die Berechnung von P_{23} wird ein anderes Distanzmaß zu Grunde gelegt. Da Parteien 2 und 3 die Wahl an Partei 1 verlieren, ist die Distanz des Wahlergebnisses zu einem Patt zwischen 2 und 3 irrelevant, solange sich der Stimmenanteil von Partei 1 nicht ändert. Black folgend wird die Distanz zu einem Patt zwischen allen drei Parteien $M = (\frac{1}{3}, \frac{1}{3}, \frac{1}{3})$ berechnet. Diese gibt an, welche Änderung im Wahlergebnis mindestens notwendig wäre, damit eine einzelne Stimme die Wahl zwischen Parteien 2 und 3 entscheiden könnte. Die euklidische Distanz zwischen E und M ist

$$\|EM\| = \left[\left(e_1 - \frac{1}{3}\right)^2 + \left(e_2 - \frac{1}{3}\right)^2 + \left(e_3 - \frac{1}{3}\right)^2 \right]^{1/2}. \tag{B.4}$$

Die maximale Distanz ist $\sqrt{\frac{2}{3}}$. Wie oben wird die Distanz normalisiert zu dem Maß:

$$P_{23} = 1 - \sqrt{\frac{3}{2}} \, \|EM\|. \tag{B.5}$$

Auf der Basis von Gln. (B.3) bis (B.5) lassen sich alle in Abschn. 4.4 genannten P-Variablen berechnen.

Messung der B-Variablen

Die B-Variablen wurden auf der Basis der Parteibewertungen der Befragten berechnet. Bewertungen aller Parteien wurden mit folgender Frage erhoben: „Was halten Sie, ganz allgemein gesprochen, von den Parteien? Was halten Sie von der [CDU, SPD, FDP, Grüne, PDS]?" Die Antwortmöglichkeiten der Befragten reichten von −5 „Ich halte gar nichts von dieser Partei" bis 5 „Ich halte sehr viel von dieser Partei".

Anhang C
Anhang zu Kapitel 6

Lemma 1

Lemma 1 *Folgen die Sitzzahlen der Parteien einer multinomialen Verteilung mit Parametervektor π, dann lauten die Wahrscheinlichkeiten der pivotalen Situationen 1–12 bei N zu vergebenden Sitzen wie folgt:*

$$p_1 = \Pr\left(s_L = \frac{N}{2}, s_M < \frac{N}{2}, s_R < \frac{N}{2}, 1 \le s_o < \frac{N}{2}\right)$$

$$= \sum_{k=1}^{\frac{N}{2}-1} \sum_{t=1}^{\frac{N}{2}-1} \sum_{m=0}^{X} \frac{N!}{t!(\frac{N}{2}-t)!m!(\frac{N}{2}-k-m)!k!} (\pi_l)^t (\pi_{cl})^{\frac{N}{2}-t} (\pi_{cr})^m (\pi_r)^{\frac{N}{2}-k-m} (\pi_o)^k$$

mit $X = \min(t-1, \frac{N}{2}-k)$,

$$p_2 = \Pr\left(s_L = \frac{N}{2}, s_M > \frac{N}{2}, s_R < \frac{N}{2}, 1 \le s_o < \frac{N}{2}\right)$$

$$= \sum_{k=1}^{\frac{N}{2}-2} \sum_{t=1}^{\frac{N}{2}-k-1} \sum_{m=t+1}^{\frac{N}{2}-k} \frac{N!}{t!(\frac{N}{2}-t)!m!(\frac{N}{2}-k-m)!k!} (\pi_l)^t (\pi_{cl})^{\frac{N}{2}-t} (\pi_{cr})^m (\pi_r)^{\frac{N}{2}-k-m} (\pi_o)^k$$

© Springer Fachmedien Wiesbaden 2015
M. Herrmann, *Strategisches Wählen in Deutschland*,
DOI 10.1007/978-3-658-09051-7

$$p_3 = \Pr\left(s_L < \frac{N}{2}, s_M < \frac{N}{2}, s_R = \frac{N}{2}, 1 \le s_o < \frac{N}{2}\right)$$

$$= \sum_{k=1}^{\frac{N}{2}-1} \sum_{t=1}^{\frac{N}{2}-1} \sum_{m=0}^{X} \frac{N!}{(\frac{N}{2}-k-m)!m!(\frac{N}{2}-t)!t!k!}(\pi_l)^{\frac{N}{2}-k-m}(\pi_{cl})^m(\pi_{cr})^{\frac{N}{2}-t}(\pi_r)^t(\pi_o)^k$$

mit $X = \min(t-1, \frac{N}{2}-k)$,

$$p_4 = \Pr\left(s_L < \frac{N}{2}, s_M > \frac{N}{2}, s_R = \frac{N}{2}, 1 \le s_o < \frac{N}{2}\right)$$

$$= \sum_{k=1}^{\frac{N}{2}-2} \sum_{t=1}^{\frac{N}{2}-k-1} \sum_{m=t+1}^{\frac{N}{2}-k} \frac{N!}{(\frac{N}{2}-k-m)!m!(\frac{N}{2}-t)!t!k!}(\pi_l)^{\frac{N}{2}-k-m}(\pi_{cl})^m(\pi_{cr})^{\frac{N}{2}-t}(\pi_r)^t(\pi_o)^k$$

$$p_5 = \Pr\left(s_L < \frac{N}{2}, s_M = \frac{N}{2}, s_R < \frac{N}{2}, 2 \le s_o < \frac{N}{2}\right)$$

$$= \sum_{k=2}^{\frac{N}{2}-1} \sum_{t=1}^{\frac{N}{2}-1} \sum_{m=x}^{X} \frac{N!}{m!t!(\frac{N}{2}-t)!(\frac{N}{2}-k-m)!k!}(\pi_l)^m(\pi_{cl})^t(\pi_{cr})^{\frac{N}{2}-t}(\pi_r)^{\frac{N}{2}-k-m}(\pi_o)^k$$

mit $x = \max(0, \frac{N}{2}-k-t+1)$ *and* $X = \min(\frac{N}{2}-k, \frac{N}{2}-t-1)$,

$$p_6 = \Pr\left(s_L < \frac{N}{2}, s_M = \frac{N}{2}, s_R > \frac{N}{2}, 0 \le s_o < \frac{N}{2}\right)$$

$$= \sum_{k=0}^{\frac{N}{2}-2} \sum_{t=1}^{Y} \sum_{m=t+1}^{X} \frac{N!}{(\frac{N}{2}-k-m)!t!(\frac{N}{2}-t)!m!k!}(\pi_l)^{\frac{N}{2}-k-m}(\pi_{cl})^t(\pi_{cr})^{\frac{N}{2}-t}(\pi_r)^m(\pi_o)^k$$

mit $X = \min(\frac{N}{2}-k, \frac{N}{2}-1)$ *and* $Y = \min(\frac{N}{2}-k-1, \frac{N}{2}-2)$,

$$p_7 = \Pr\left(s_L < \frac{N}{2}, s_M = s_R = \frac{N}{2}, 1 \le s_o < \frac{N}{2}\right)$$

$$= \sum_{k=1}^{\frac{N}{2}-1} \sum_{t=1}^{X} \frac{N!}{(\frac{N}{2}-k-t)!t!(\frac{N}{2}-t)!t!k!}(\pi_l)^{\frac{N}{2}-k-t}(\pi_{cl})^t(\pi_{cr})^{\frac{N}{2}-t}(\pi_r)^t(\pi_o)^k$$

$mit\ X = \min(\frac{N}{2} - k, \frac{N}{2} - 1),$

$$p_8 = \Pr\left(s_L > \frac{N}{2}, s_M = \frac{N}{2}, s_R < \frac{N}{2}, 0 \le s_o < \frac{N}{2}\right)$$

$$= \sum_{k=0}^{\frac{N}{2}-2} \sum_{t=1}^{Y} \sum_{m=t+1}^{X} \frac{N!}{m!(\frac{N}{2}-t)!t!(\frac{N}{2}-k-m)!k!}(\pi_l)^m(\pi_{cl})^{\frac{N}{2}-t}(\pi_{cr})^t(\pi_r)^{\frac{N}{2}-k-m}(\pi_o)^k$$

$mit\ X = \min(\frac{N}{2} - k, \frac{N}{2} - 1)\ and\ Y = \min(\frac{N}{2} - k - 1, \frac{N}{2} - 2),$

$$p_9 = \Pr\left(s_L = s_M = \frac{N}{2}, s_R < \frac{N}{2}, 1 \le s_o < \frac{N}{2}\right)$$

$$= \sum_{k=1}^{\frac{N}{2}-1} \sum_{t=1}^{X} \frac{N!}{t!(\frac{N}{2}-t)!t!(\frac{N}{2}-k-t)!k!}(\pi_l)^t(\pi_{cl})^{\frac{N}{2}-t}(\pi_{cr})^t(\pi_r)^{\frac{N}{2}-k-t}(\pi_o)^k$$

$mit\ X = \min(\frac{N}{2} - k, \frac{N}{2} - 1),$

$$p_{10} = \Pr\left(s_L = s_R = \frac{N}{2}, s_M < \frac{N}{2}, s_o = 0\right)$$

$$= \sum_{k=2}^{\frac{N}{2}-1} \sum_{t=1}^{k} \frac{N!}{k!(\frac{N}{2}-k)!t!(\frac{N}{2}-t)!}(\pi_l)^k(\pi_{cl})^{\frac{N}{2}-k}(\pi_{cr})^t(\pi_r)^{\frac{N}{2}-t}$$

$$p_{11} = \Pr\left(s_L = s_R = \frac{N}{2}, s_M > \frac{N}{2}, s_o = 0\right)$$

$$= \sum_{k=1}^{\frac{N}{2}-2} \sum_{t=k+1}^{\frac{N}{2}-1} \frac{N!}{k!(\frac{N}{2}-k)!t!(\frac{N}{2}-t)!}(\pi_l)^k(\pi_{cl})^{\frac{N}{2}-k}(\pi_{cr})^t(\pi_r)^{\frac{N}{2}-t}$$

$$p_{12} = \Pr\left(s_L = s_M = s_R = \frac{N}{2}, s_o = 0\right)$$

$$= \sum_{k=1}^{\frac{N}{2}-1} \frac{N!}{k!(\frac{N}{2}-k)!k!(\frac{N}{2}-k)!}(\pi_k)^k(\pi_{cl})^{\frac{N}{2}-k}(\pi_{cr})^k(\pi_r)^{\frac{N}{2}-k}.$$

Beweis Alle Pivotwahrscheinlichkeiten unterliegen der Bedingung, dass s_l, s_{cl}, s_{cr} und s_r jeweils höchstens $\frac{N}{2} - 1$ sind, sonst würden wir Situationen einschließen, in denen eine einzelne Partei eine Mehrheit erhalten könnte. Beginnen wir zur Erleichterung der Darstellung mit der Formel für p_6. Zur Herleitung dieser Formel beachte man zunächst, dass aus den Bedingungen $s_{cl} + s_{cr} = \frac{N}{2}$ und $s_{cr} + s_r > \frac{N}{2}$ folgt, dass $s_r \geq s_{cl} + 1$. Aufgrund dessen und wegen $s_{cl} + s_{cr} = \frac{N}{2}$ muss gelten $s_l \leq \frac{N}{2} - s_{cl} + 1$ und folglich ist $s_L < \frac{N}{2}$, wie gefordert. Die vorgenannten Bedingungen werden durch die Exponenten von $\pi_l, \pi_{cl}, \pi_{cr}$ und π_r und durch die Untergrenze des Summenindizes m auferlegt. Hinsichtlich der übrigen Summengrenzen beachte man zunächst, dass die obigen Bedingungen auch gelten wenn o keinen Sitz gewinnt. Die Untergrenze von s_o ist somit $k = 0$. Die Untergrenze von s_{cl} ist $t = 1$, da eine der Parteien in M mindestens einen Sitz gewinnen muss, um die Mehrheit einer einzelnen Partei auszuschließen. Aus demselben Grund kann die Obergrenze von m höchstens $\frac{N}{2} - 1$ betragen. Für $k > 1$ muss die Obergrenze von m gleich $\frac{N}{2} - k$ sein, da $s_M = \frac{N}{2}$. Aus den Untergrenzen $t = 1$ und $m = t + 1$ folgt, dass $m \geq 2$, woraus folgt, dass $\frac{N}{2} - 2$ die Obergrenze von k sein muss. Aus $t \leq m - 1$ und daraus, dass im Fall $k > 0$ m höchstens $\frac{N}{2} - k$ sein kann, folgt $\frac{N}{2} - k - 1$ als Obergrenze von t für den Fall $k > 0$. Im Fall $k = 0$ muss die Obergrenze von t gleich $\frac{N}{2} - 2$ sein, um sicherzustellen, dass $m \leq \frac{N}{2} - 1$; damit ist die Formel für p_6 konstruiert. Die Formeln für p_1 bis p_4 und p_7 bis p_{12} können auf ähnliche Weise konstruiert werden.

Die Beschreibung des Ergebnisraums für Situation 5 erfordert weitere Überlegungen. Zunächst beachte man, dass die Untergrenze von k in der Formel für p_5 gleich 2 sein muss, denn aus $s_o < 2$ folgt, dass $s_L + s_R \geq N - 1$, in welchem Fall $s_L < \frac{N}{2}$ und $s_R < \frac{N}{2}$ nicht gleichzeitig erfüllt sein können. Der Ausschluss von Einparteienmehrheiten erfordert, dass $\frac{N}{2} - 1$ die Obergrenze von k ist. Aus letzterer Forderung folgen auch die Ober- und Untergrenzen von t. Man beachte, dass t nicht durch weitere Bedingungen eingeschränkt wird. Insbesondere im Extremfall $k = 2$ (d. h. $\frac{N}{2} - 2$ Sitze gehen an l und r) und $t = \frac{N}{2} - 1$ können $s_L < \frac{N}{2}$ und $s_R < \frac{N}{2}$ erfüllt werden durch $s_l = 0$ und $s_r = \frac{N}{2} - 2$. Ein Anstieg von k kann nur dazu führen, dass s_L und s_R sinken, gegeben die Bedingung $s_M = \frac{N}{2}$. Wenn also die Bedingungen $s_L < \frac{N}{2}$ und $s_R < \frac{N}{2}$ für $k = 2$ und $t = \frac{N}{2} - 1$ erfüllt sein können, dann können sie auch für $k > 2$ und $t = \frac{N}{2} - 1$ erfüllt sein, woraus folgt, dass $\frac{N}{2} - 1$ und $t = 1$ die Ober- und Untergrenzen für t sind. Die erste Obergrenze von m, $\frac{N}{2} - k$, folgt aus der Tatsache, dass l oder r nicht mehr Sitze gewinnen können, sofern $k \geq 2$ und $s_M = \frac{N}{2}$ erfüllt sind. Die zweite Obergrenze $\frac{N}{2} - t - 1$ stellt sicher, dass $s_L < \frac{N}{2}$ und $s_R < \frac{N}{2}$, was aufgrund von $s_{cr} = \frac{N}{2} - s_{cl}$ nur der Fall sein kann, wenn $s_l \leq s_{cr} - 1$ und $s_r \leq s_{cl} - 1$. Die Untergrenze von m folgt aus der Einsicht, dass die Anzahl möglicher Sitzaufteilungen zwischen l und r durch die Werte von t und k bedingt ist: Für den Fall $t = 1$ existiert nur eine mögliche Aufteilung dergestalt, dass $s_r = 0$ und alle übrigen $\frac{N}{2} - k$ Sitze an l gehen. Eine Erhöhung von t um eins (d. h. eine Angleichung der Sitzzahlen zwischen den beiden Parteien in M um eins) sorgt stets dafür, dass ein weiterer Sitz sowohl an l als auch an r gehen kann, so dass sich die Zahl der zulässigen Sitzaufteilungen um eins erhöht. Der Ausdruck $\frac{N}{2} - k - t + 1$ stellt sicher, dass die Unter- und Obergrenze im Fall $t = 1$ identisch sind und dass die Untergrenze mit t ansteigt, egal welchen Wert k annimmt. Weiterhin ist die Untergrenze durch k beschränkt, derart, dass es im Fall $k = 2$ nur eine mögliche Sitzaufteilung zwischen l und r gibt, mit $s_l = \frac{N}{2} - t - 1$ und $s_r = t - 1$. Eine Erhöhung von k um eins (d. h. eine Reduktion der Sitze, die zwischen l und r aufgeteilt werden) sorgt stets dafür, dass sich die Zahl der zulässigen Sitzaufteilungen zwischen l und r um eins erhöht. Der Ausdruck $\frac{N}{2} - k - t + 1$ stellt sicher, dass die Unter- und Obergrenze im Fall $k = 2$ identisch sind und dass die Untergrenze mit k fällt, egal welchen Wert t annimmt. Um schließlich sicher zu stellen, dass $m \geq 0$ ist, muss die Untergrenze gleich null sein.

Beweise von Propositionen 1 und 2

Beweis [Proposition 1] Nach Tab. 6.1 ist es für einen linken Wähler mit $u_M > (u_L + u_R)/2$ optimal, Partei cl anstelle von Partei l zu wählen, wann immer

$$(p_5 + p_7)\left(\frac{u_M}{2} - \frac{u_L + u_R}{4}\right) + p_6\left(\frac{u_M + u_R}{2} - u_R\right)$$

$$> (p_8 + p_9 + p_{12})\left(u_L - \frac{u_L + u_M}{2}\right).$$

Normalisieren wir die Nutzenfunktion des Wählers, indem wir $u_L = 1$ und $u_R = 0$ setzen, so folgt

$$(p_5 + p_7)\left(\frac{u_M}{2} - \frac{1}{4}\right) + p_6\frac{u_M}{2} > (p_8 + p_9 + p_{12})\left(1 - \frac{1 + u_M}{2}\right)$$

$$\left((p_5 + p_7)\left(1 - \frac{1}{2u_M}\right) + p_6\right)\frac{u_M}{2} > (p_8 + p_9 + p_{12})\left(1 - \frac{1 + u_M}{2}\right)$$

$$\frac{(p_5 + p_7)\left(1 - \frac{1}{2u_M}\right) + p_6}{p_8 + p_9 + p_{12}} > \frac{1 - u_M}{u_M},$$

wie benötigt.

Für einen linken Wähler mit $u_M < (u_L + u_R)/2$ ist es nach Tab. 6.1 optimal für Partei cl anstelle von Partei l zu stimmen, wann immer

$$p_6\left(\frac{u_M + u_R}{2} - u_R\right)$$

$$> (p_5 + p_7)\left(\frac{u_L + u_R}{4} - \frac{u_M}{2}\right) + (p_8 + p_9 + p_{12})\left(u_L - \frac{u_L + u_M}{2}\right).$$

Nach Normalisierung der Nutzenfunktion mit $u_L = 1$ und $u_R = 0$ folgt

$$(p_5 + p_7)\left(\frac{1}{4} - \frac{u_M}{2}\right) + (p_8 + p_9 + p_{12})\left(1 - \frac{1 + u_M}{2}\right) < p_6\frac{u_M}{2}$$

$$\left((p_5 + p_7)\frac{\frac{1}{4} - \frac{u_M}{2}}{1 - \frac{1 + u_M}{2}} + (p_8 + p_9 + p_{12})\right)\left(1 - \frac{1 + u_M}{2}\right) < p_6\frac{u_M}{2}$$

$$\left((p_5 + p_7)\frac{1 - 2u_M}{2 - 2u_M} + (p_8 + p_9 + p_{12})\right)\left(1 - \frac{1 + u_M}{2}\right) < p_6\frac{u_M}{2}$$

$$\frac{p_6}{(p_5 + p_7)\frac{1 - 2u_M}{2 - 2u_M} + p_8 + p_9 + p_{12}} > \log\frac{1 - u_M}{u_M},$$

wie benötigt.

Die Wahlregel eines linken Wählers mit $u_M = (u_L + u_R)/2$ folgt nach Einsetzen des normalisierten Nutzens, $u_M = \frac{1}{2}$, in η.

Beweis [Proposition 2] Ein Mitte-Wähler entscheidet sich für Partei cl anstelle von Partei cr, wann immer

$$p_3\left(\frac{u_M + u_R}{2} - u_R\right) + p_4\left(u_M - \frac{u_M + u_R}{2}\right) + p_7\left(u_M - \frac{u_M + u_R}{2}\right)$$

$$> p_1\left(\frac{u_M + u_L}{2} - u_L\right) + (p_2 + p_9)\left(u_M - \frac{u_M + u_L}{2}\right).$$

Nach Normalisierung der Nutzenfunktion mit $u_M = 1$ und $u_L = u_R = 0$ lauten sämtliche Auszahlungen $\frac{1}{2}$ und Teil (a) von Proposition 2 folgt nach einfacher Umformung.

Um Teil (b) zu erhalten, vergleichen wir die Möglichkeit der Enthaltung mit der Möglichkeit für cl oder cr zu stimmen. Nach Tab. 6.1 liefert eine Enthaltung gegenüber der Wahl von cl oder cr eine positive Auszahlung in Situationen 10 und 11, eine negative Auszahlung in Situationen 5–9 und eine Auszahlung von null in Situationen 1–4 und 12. Nach einer Normalisierung der Nutzenfunktion ($u_M = 1$ und $u_L = u_R = 0$) ist leicht einzusehen, dass der Gewinn aus einer Enthaltung gegenüber der Wahl einer der mittleren Parteien in jeder Situation $\frac{1}{2}$ beträgt. Eine einfache Umformung der Wahlregel liefert dann Teil (b).

Beweise der Aussagen zur Leihstimme

Beweis [Konstruktion der pivotalen Situation mit Sperrklausel] Die Untergrenze der Sitzzahl von Partei cr in der pivotalen Situation in Abschn. 6.6 ergibt sich wie folgt. Da alle übrigen Parteien im Parlament vertreten sind, gewinnt Partei r in der angegebenen Situation mit einer zusätzlichen Stimme $N\varepsilon$ Sitze. Die Annahme eines (abgesehen von der Sperrklausel) perfekt proportionalen Wahlsystems impliziert, dass bei einer einseitigen Erhöhung der Stärke einer Partei die Kräfteverhältnisse der übrigen Parteien unverändert bleiben. Daraus folgt, dass bei einer Erhöhung der Sitzzahl einer Partei die relativen Sitzzahlen der übrigen Parteien sich um den gleichen Faktor verringern müssen. Gewinnt Partei r durch ihren Einzug also $N\varepsilon$ Sitze hinzu, muss sich die Sitzzahl der übrigen Parteien um den Faktor $(1-\varepsilon)$ verringern. Einer Partei i, der vor dem Einzug von r s_i Sitze zustehen, stehen somit nach dem Einzug von r nur noch $s_i(1-\varepsilon)$ Sitze zu. Umgekehrt kommt eine Partei i, der bei einem Einzug von r s_i Sitze zustehen, im Fall eines Scheiterns von r auf $s_i(1+\varepsilon)$ Sitze.

Die Untergrenze der Sitzzahl von Partei cr gibt an, wie viele Sitze cr vor dem Einzug von r gewinnen müsste, damit Koalition R bei einem Einzug von r mit $s_r = N\varepsilon$ Sitzen gerade eine Mehrheit erhält. Diese Bedingung lässt sich wie folgt formulieren:

$$s_{cr}(1-\varepsilon) + N\varepsilon = \frac{N}{2} + 1,$$

wobei s_{cr} die Sitzzahl von cr vor dem Einzug von r bezeichnet. Auflösen nach s_{cr} liefert die in Abschn. 6.6 angegebene Untergrenze.

Beweis [Einzigartigkeit der pivotalen Situation mit Sperrklausel] Zu zeigen ist, dass folgende beiden Situationen nicht existieren:

$$v_r = \left\lceil \varepsilon \sum_i v_i \right\rceil - 1, \ s_L \geq \frac{N}{2}, \ s_M > \frac{N}{2},$$

$$s_{cr} = \left[\frac{N}{1-\varepsilon} \left(\frac{1}{2} - \varepsilon + \frac{1}{N} \right), \frac{1}{N} - 1 \right], s_r = 0$$

und

$$v_r = \left\lceil \varepsilon \sum_i v_i \right\rceil - 1, s_L < \frac{N}{2}, \ s_M \leq \frac{N}{2},$$

$$s_{cr} = \left[\frac{N}{1-\varepsilon} \left(\frac{1}{2} - \varepsilon + \frac{1}{N} \right), \frac{1}{N} - 1 \right], s_r = 0.$$

Um zu zeigen, dass die erste Situation nicht existiert, gehen wir von der kleinstmöglichen Sitzzahl aus, unter der $s_L \geq \frac{N}{2}$ erfüllt ist: $s_L = \frac{N}{2}$. Wenn in diesem Fall keine Mehrheit für Koalition R existiert, dann existiert sie auch nicht wenn $s_L > \frac{N}{2}$. Die Annahme, dass alle Parteien außer r sicher im Parlament vertreten sind, impliziert dass $s_o \geq N\varepsilon(1+\varepsilon)$, ansonsten würden auf o nach dem Einzug von r weniger als $N\varepsilon$ Sitze entfallen. Da $s_R = N - s_L - s_o$ fällt die Sitzzahl von Koalition R vor dem Einzug von r (d. h. die Sitzzahl von cr) nicht größer aus als $\frac{N}{2} - N\varepsilon(1+\varepsilon)$. Koalition R fehlen vor dem Einzug von r also $N\varepsilon(1+\varepsilon)+1$ Sitze zu einer Mehrheit. Da r bei einem Einzug nur $N\varepsilon$ Sitze in die Koalition einbringt (und die Sitzzahl von cr sich außerdem verringert) kann Koalition R auch nach dem Einzug von r über keine Mehrheit verfügen.

Um zu zeigen, dass die zweite Situation nicht existiert, beachte man zunächst, dass $s_M = s_{cl} + s_{cr}$. Gehen wir von der größtmöglichen Sitzzahl aus, unter der $s_M \leq \frac{N}{2}$ erfüllt ist: $s_M = \frac{N}{2}$. Im Folgenden wird gezeigt, dass es kein s_{cl} gibt, das klein genug ist, um die Bedingungen $s_M = \frac{N}{2}$ und $s_{cr}(1+\varepsilon) + N\varepsilon > \frac{N}{2}$ (eine Mehrheit für R im Fall eines Einzugs von r) zu erfüllen. Die Annahme, dass alle Parteien außer r sicher im Parlament vertreten sind, impliziert, dass $s_{cl} \geq N\varepsilon(1+\varepsilon)$, ansonsten würden auf cl nach dem Einzug von r weniger als $N\varepsilon$ Sitze entfallen. Vor dem Einzug von r fällt die Sitzzahl von cr also nicht größer aus als $\frac{N}{2} - N\varepsilon(1+\varepsilon)$. Koalition R fehlen vor einem Einzug von r somit $N\varepsilon(1 + \varepsilon) + 1$ Sitze. Da r bei einem Einzug nur $N\varepsilon$ Sitze in die Koalition einbringt (und die Sitzzahl von cr sich außerdem verringert), kann Koalition R auch nach dem Einzug von r über keine Mehrheit verfügen.

The manufacturer's authorised representative in the EU is Springer
Nature Customer Service Centre GmbH, Europaplatz 3, 69115 Heidelberg,
Germany. If you have any concerns regarding our products, please
contact ProductSafety@springernature.com

Printed and bound by CPI Group (UK) Ltd, Croydon, CR0 4YY

24/04/2026

02096334-0006